LIBERTE

O SEU

POTENCIAL

CB128454

PREZADO(A) LEITOR(A),

Queremos muito saber a sua opinião sobre nossos livros! Após a leitura, convidamos você a seguir nossas redes sociais e visitar nosso site para mais conteúdos e novidades.

Redes sociais:
Instagram: **@editoranewcastle | @newcastleidiomas**
LinkedIn: **linkedin.com/company/newcastleidiomas**
YouTube: **@newcastleidiomasoficial | @podcastle_TV**

Site:
www.editoranewcastle.com.br

Entre em contato conosco e compartilhe suas sugestões, críticas e elogios. Sua opinião é muito importante para nós!

Gustavo Martínez

LIBERTE O SEU POTENCIAL

NEWCASTLE

Diretor
Gustavo Martínez

Projeto Gráfico, Capa e Diagramação
Felipe Antonio Battistoni

Revisão
Editora Newcastle

Copyright © 2025 por Editora Newcastle

Todos os direitos desta edição são reservados à Editora Newcastle.

Av. Orosimbo Maia, 611 - Vila Itapura, Campinas, SP
CEP 13023-002
Site: www.editoranewcastle.com.br
E-mail: contato@newcastleidiomas.com.br

Dados Internacionais de Catalogação na Publicação (CIP)
Maria Alice Ferreira - Bibliotecária - CRB-8/7964

Liberte o seu potencial.
1. ed. Campinas, SP : Newcastle English Center, 2025.

Gustavo Martínez.
ISBN 978-65-987651-2-5

1. Autoajuda 2. Conduta de vida 3. Desenvolvimento pessoal 4. Motivação 5. Potencial humano 6. Psicologia aplicada I. Título.

25-294905.0 CDD-158.1

Índices para catálogo sistemático:
1. Autoajuda : Conduta de vida : Psicologia aplicada 158.1

O conteúdo desta obra é de inteira responsabilidade de seus autores, não refletindo necessariamente a opinião da editora.

NOTA DA PUBLISHER

É com grande alegria que a Editora Newcastle apresenta *Liberte o Seu Potencial*, uma obra profundamente transformadora escrita por nosso próprio CEO e fundador, Gustavo Martínez.

Autor de outros títulos inspiradores como *Princípios Poderosos para Recomeçar, A Fórmula dos Campeões: Profissionais de Alta Performance* e *O Sábio que Vendeu a Sua Lamborghini*, ele mais uma vez compartilha suas valiosas experiências e reflexões para ajudar os leitores a atingir novos patamares em suas jornadas pessoais e profissionais.

Neste livro, o autor convida cada um de nós a explorar e desbloquear capacidades que muitas vezes permanecem adormecidas. Com uma escrita acessível e repleta de *insights* práticos, ele nos guia por caminhos que podem mudar perspectivas e trazer uma nova clareza sobre o verdadeiro potencial que carregamos.

É com orgulho e gratidão que apresentamos mais essa obra, que, com certeza, inspirará muitos a tomar as rédeas de seus destinos e a trilhar um caminho de maior realização e propósito. Não apenas um livro, mas um recurso que poderá fazer diferença na vida de quem busca crescer, aprender e alcançar seus sonhos.

EDITORA NEWCASTLE

@editoranewcastle

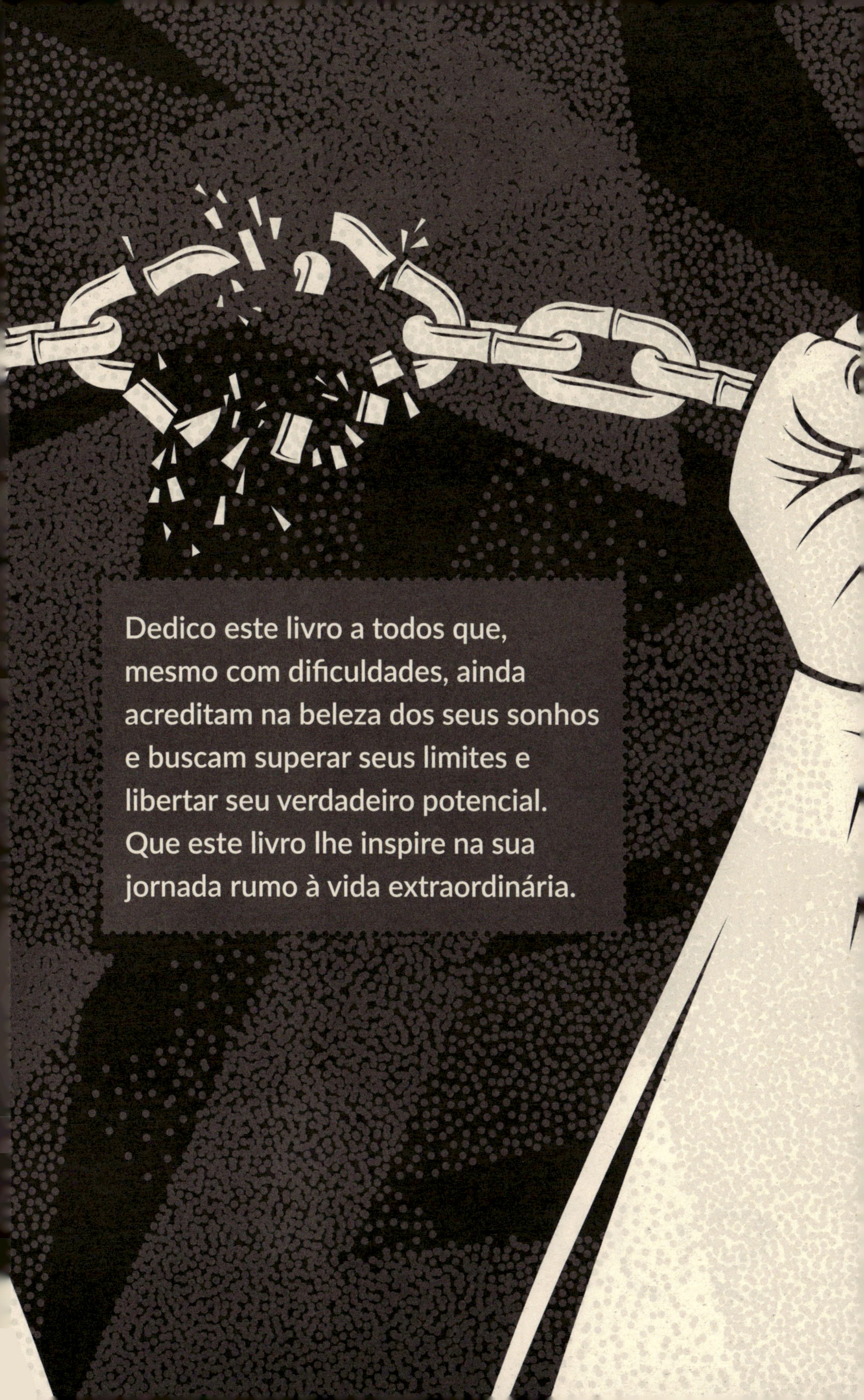

Dedico este livro a todos que, mesmo com dificuldades, ainda acreditam na beleza dos seus sonhos e buscam superar seus limites e libertar seu verdadeiro potencial. Que este livro lhe inspire na sua jornada rumo à vida extraordinária.

SUMÁRIO

PREFÁCIO

Ser convidado para escrever o prefácio deste livro é uma honra imensa. Quando Gustavo Martínez me apresentou a ideia do livro *Liberte o Seu Potencial*, percebi de imediato que não se tratava de um livro comum. Aqui, não encontramos apenas palavras impressas em páginas; encontramos um convite poderoso para uma jornada de transformação, uma chamada à ação para aqueles que desejam descobrir e manifestar a sua melhor versão.

O desenvolvimento pessoal é um caminho repleto de desafios, mas também de grandes recompensas. Todos, em algum momento da vida, se deparam com questionamentos internos, barreiras aparentemente intransponíveis e momentos de desmotivação. Gustavo, com sensibilidade e conhecimento, construiu um guia que nos mostra que, independentemente das dificuldades que enfrentamos, sempre há uma chama dentro de nós esperando para ser reacesa.

Com uma abordagem inspiradora e prática, este livro traz *insights* valiosos sobre como cultivar uma mentalidade positiva, desenvolver resiliência e transformar desafios em oportunidades de crescimento. Cada capítulo é um passo rumo à liberdade interior, incentivando-nos a abandonar crenças limitantes e abraçar o potencial infinito que carregamos em nós.

A motivação, um dos pilares desta obra, é essencial para qualquer processo de mudança. No entanto, o autor, generosamente, nos lembra que a motivação sozinha não é suficiente; é necessário comprometimento, disciplina e ação. Ele nos conduz por um caminho de reflexão profunda, trazendo histórias inspiradoras e estratégias eficazes para podermos trilhar nossa própria jornada de evolução.

Outro aspecto fundamental abordado neste livro é a esperança. Em tempos de incerteza, muitas vezes somos tomados pelo medo e pela dúvida. Gustavo, com sua escrita cativante e acolhedora, nos lembra de que a esperança é a faísca que nos impulsiona a continuar, mesmo diante dos obstáculos — por mais escuro que o caminho pareça, sempre há uma luz que podemos seguir, e essa luz está dentro de nós.

Ao longo destas páginas, você encontrará um verdadeiro mapa para libertar o seu potencial. Mas saiba que essa jornada é pessoal, e o verdadeiro poder está na sua decisão de dar o primeiro passo. Que este livro sirva como um guia, um amigo e um lembrete de que você é capaz de muito mais do que imagina.

Prepare-se para uma leitura transformadora. Que cada palavra aqui escrita seja um convite para que você se permita crescer, evoluir e, acima de tudo, acreditar no potencial grandioso que existe dentro de você.

Ao amigo Gustavo, empreendedor por natureza, toda admiração e gratidão por poder fazer parte deste movimento!

ANDRÉ HELLER

Ex-jogador de vôlei brasileiro, Campeão Olímpico em Atenas 2004, empreendedor e palestrante. Autor do livro: Foque a Ação, Colete Resultados.

@andrehelleroficial

LIBERTE
O SEU
POTENCIAL!

INTRODUÇÃO

Caro leitor, seja muito bem-vindo a esta jornada que pode, de verdade, mudar a sua vida.

O que você tem em mãos não é apenas para ser mais um livro. Eu desejo de todo coração que seja o chamado para a sua vida. Uma oportunidade de você olhar para dentro de si e despertar a força que existe dentro de você.

Durante minha caminhada como empreendedor e gestor de equipes de alta *performance*, enfrentei desafios, vivi limitações e também conquistei algumas vitórias. Mas o que realmente transformou a minha história foram os aprendizados adquiridos no caminho; e que agora compartilho aqui com você. São princípios simples, mas profundos e verdadeiros. Diretos, mas poderosos. E, mais importante: funcionam. Nada o que está escrito são frases de efeito ou mensagens teóricas. São princípios do mundo REAL, que apliquei na minha vida e nos meus negócios, e multiplicaram os meus resultados em todas as áreas da vida, e me tiraram da estagnação e me levaram a viver o meu propósito com intensidade.

Talvez você já tenha conquistado coisas incríveis — e, se sim, parabéns! Mas talvez, no fundo, você saiba que pode muito mais. Que há algo dentro de você pedindo para ser despertado.

Por isso, quero que você pare por um instante e reflita:

Em quais áreas da sua vida você está decolando?

E em quais você está apenas sobrevivendo, torcendo para que algo mude... por milagre?

A minha missão com este livro é transformar a pedra bruta em diamante, porque eu já fui uma pedra bruta, que não acreditava no meu potencial, e pelo fato de achar que nunca mudaria a minha realidade, não me colocava em uma energia para aumentar o meu valor.

Mas ao longo da vida e na direção correta, percebi que todos nós temos um poder gigantesco que está adormecido. Mas a rotina, as pressões do dia a dia, os problemas e as distrações vão, aos poucos, abafando o nosso poder de despertar. Quando percebemos, estamos levando uma vida que não representa nem 10% daquilo que fomos criados para viver. Uma vida morna, mediana. Uma vida que não inspira e que paramos de lutar pelos nossos propósitos e por aquilo que nos impulsiona para viver o sobrenatural. Muitos nem percebem, mas em pouco tempo da vida adulta já deixaram de sonhar, de ter metas e objetivos e passam a vida reclamando do "vazio" que elas vivem, sem acreditar nas possibilidades do extraordinário acontecer. Vivem vários anos como se fosse o mesmo ano, reclamando das mesmas coisas, sem lutar e agir por nada.

Por isso, quero te propor um **desafio real**.

Assuma o compromisso de ler um capítulo por dia, mesmo quando não estiver com vontade, pois o primeiro passo para a transformação é a disciplina, e não a motivação. Anote o que fizer sentido. Reflita de verdade. E, acima de tudo, **coloque em prática**.

Quero deixar quatro perguntas que norteiam a sua vida, para você refletir.

- No que você está trabalhando e por quê? Qual é o propósito, ou é apenas sobrevivência?
- Com quais pessoas você passa a maior parte do seu tempo? E como elas influenciam a sua vida?
- Quão bem você tem cuidado do seu templo (corpo)? Existem hábitos que você sabe que são destrutivos, mas mesmo assim não abre mão deles?
- E a pergunta principal: Como está seu relacionamento com Deus? Você crê verdadeiramente em Deus? Como está sua fé?

Todo o resto... é barulho. E se você continuar distraído com esse barulho, vai continuar bloqueando a sua evolução.

Você nasceu para mais. E o seu novo capítulo começa agora.

Um grande abraço,

GUSTAVO MARTÍNEZ

Escritor, empreendedor (fundador do grupo Newcastle Idiomas e da Editora Newcastle), palestrante e host do Podcastle TV.

@gustavonewcastle

1

A JORNADA DO HERÓI

Era uma vez uma pessoa comum.

Alguém como eu, como você. Alguém que carregava dentro de si sonhos enormes e uma vontade quase desesperada de viver uma vida com mais propósito, dignidade e significado.

Todos os dias, uma pergunta ecoava em sua mente:

"Como posso mudar minha realidade?"

O desejo de transformar a própria vida e oferecer algo melhor à família era mais do que um sonho. Era uma necessidade urgente.

Sabia que depender dos outros — do sistema, do governo, das circunstâncias — era arriscado.

A realidade era dura: hospitais lotados, escolas sem estrutura, aposentadoria incerta, transporte precário.

Mas uma coisa ele sabia: **quem escolhe ser protagonista não aceita viver como vítima.**

Mesmo com medo.

Mesmo sem garantias.

Ele seguiu em frente, carregando uma fé quase teimosa de que podia construir algo diferente.

A verdade é que a vida dele estava longe de ser fácil.

Os dias eram marcados por batalhas silenciosas.

No trabalho, muitos problemas que pareciam não ter solução.

Em casa, pressões constantes que exigiam mais paciência do que ele achava que possuía.

E no fim do dia, contas atrasadas, cobranças externas... e aquela pergunta dolorosa, sussurrando no fundo da alma:

"Será que um dia eu vou conseguir?"

Cada manhã era uma luta contra o desânimo.

Cada noite, uma conversa interna entre continuar ou desistir.

Houve dias em que ele trabalhou 10, 12 horas... e ainda assim voltou para casa sem resultados.

Cansado, frustrado, quase sem forças para continuar.

Mas dentro dele havia algo mais forte do que a frustração: **fé**.

Não era uma fé cega. Era uma fé consciente.

Fé em Deus. Fé no processo. Fé no propósito.

Com o tempo, ele entendeu uma verdade poderosa: **sucesso não é sorte.**

É preparação.

É estar pronto quando a oportunidade chegar.

É construir aos poucos, mesmo quando ninguém aplaude, mesmo quando nada parece funcionar.

E foi assim que ele seguiu.

Sem esperar pela motivação.

Apenas com disciplina.

Disciplina de continuar, mesmo em silêncio.

Mesmo quando duvidavam dele.

Mesmo quando nem ele conseguia enxergar com clareza onde tudo isso ia dar.

E, passo a passo, entre erros e acertos, quedas e pequenas vitórias, ele começou a encontrar força na dor.

Cada erro doía, mas trazia crescimento.

Era como uma injeção amarga, difícil de engolir... mas que fortalecia.

Cada tombo servia para ajustar a rota, aprender e voltar mais preparado.

No meio do caminho, encontrou aliados.

Mentores, amigos, até desconhecidos que, com palavras simples, reacenderam sua esperança.

Pessoas que talvez nem saibam o quanto foram importantes.

Mas também surgiram novos desafios. Maiores. Mais intensos. Desafios que testaram sua essência, sua fé, sua identidade.

E mesmo assim… ele não desistiu.

Com humildade para aprender e coragem para agir, enfrentou cada obstáculo de frente.

E algo lindo aconteceu: ele começou a enxergar propósito onde antes só via dor.

Percebeu que os desafios não eram punições.

Eram ferramentas.

Instrumentos que Deus usava para lapidar sua fé, moldar seu caráter e alinhar seu destino.

Descobriu que as maiores dores escondem os maiores aprendizados.

E que o verdadeiro potencial não se revela quando tudo vai bem… mas quando a tempestade nos obriga a crescer.

Ele entendeu que viver à espera de motivação todos os dias é uma armadilha.

Porque a motivação passa, mas a consciência do propósito, essa sustenta.

Ao vencer os obstáculos, ele não construiu apenas vitórias externas.

Construiu algo muito maior: uma vida com sentido.

Uma história com raízes profundas.

Hoje, ele continua enfrentando batalhas — porque elas fazem parte da jornada. Mas agora ele luta com outra postura.

Com clareza. Com fé. Com resultados. Com propósito. E é aqui que mora a verdadeira liberdade: descobrir quem você é, libertar tudo o que há de melhor dentro de você e caminhar com coragem rumo ao seu destino.

Você não veio ao mundo apenas para pagar contas e sobreviver. Você foi criado para impactar. Para inspirar. Para vencer.

CHEGOU A HORA DE LIBERTAR
O SEU POTENCIAL.

VELOCIDADE, FÉ E PROPÓSITO.

AYRTON SENNA

Ayrton Senna foi um piloto de Fórmula 1 que eternizou seu nome para todos os amantes do esporte, em especial para todo o povo brasileiro, sempre honrando e elevando o nome do nosso país ao redor do mundo. Ele não apenas corria, mas representava um sonho coletivo. Cada vitória sua era sentida como uma vitória de milhões de brasileiros.

Seu início, como o da grande maioria das pessoas que constrói legado, foi repleto de desafios. Enfrentou medos, dificuldades e questionamentos. Havia momentos em que a mente parecia um campo de batalha, mas, sempre que isso acontecia, sua fé e sua mentalidade vencedora falavam mais alto. Desde muito jovem, o seu propósito estava traçado: tornar-se o maior piloto de Fórmula 1 da sua geração.

Sua rotina era um exemplo de disciplina, foco, treinamento e trabalho duro. Ele acreditava que talento sem dedicação é apenas potencial desperdiçado. E quando todo esse esforço se une à coragem, à garra e a uma mentalidade inabalável, nasce um grande campeão. Senna não esperava que as coisas acontecessem — ele fazia acontecer.

Líder nato, sempre foi protagonista por onde passou. Enfrentou e venceu adversários lendários, incluindo uma das maiores rivalidades da história do esporte, com o francês Alain Prost. Era uma disputa que ia muito além da pista; era um duelo de estilos, mentalidades e determinação. Todos diziam que ele seria o futuro campeão, e ele cumpriu essa profecia com maestria: três vezes campeão mundial de Fórmula 1. E muitos ainda lembram que um quarto título lhe foi "roubado", quando venceu uma corrida, mas acabou desclassificado por uma decisão polêmica.

Mas a grande emoção, aquela que fez Ayrton Senna entrar definitivamente no coração dos brasileiros, aconteceu no GP do Brasil de 1991. Era uma corrida em casa, diante de uma torcida que sonhava ver seu ídolo vencer no próprio país. Senna largou bem, liderou com firmeza, mas, a poucas voltas do fim, algo inesperado aconteceu: o câmbio do seu carro começou a falhar. Uma marcha quebrou, depois outra... até restar apenas a sexta marcha funcionando. Pilotar assim, em Interlagos, seria praticamente impossível para qualquer um. Mas Senna não era qualquer um.

Com dores físicas intensas, os braços exaustos e o carro limitado, ele manteve o controle. Cada curva era um desafio extremo, cada reta exigia uma força sobre-humana. A torcida, aflita e emocionada, sentia que estava presenciando algo histórico. E, contra todas as probabilidades, Ayrton cruzou a linha de chegada em primeiro lugar.

O rádio registrou a emoção de Senna, que mal conseguia falar de tanto esforço. No pódio, exausto, quase sem forças para erguer o troféu, ele olhou para o céu e agradeceu: *"Deus, obrigado por esta vitória. Foi para o Brasil, foi para todos nós."*

Essa cena se tornou um símbolo de superação, fé e amor ao país. Uma prova de que, mesmo quando tudo parece contra, a coragem e o propósito podem levar você além do que imagina.

Ayrton Senna viveu uma vida com propósito, mentalidade de campeão e um senso de missão muito maior do que ele mesmo. Após sua partida, seu nome continuou a transformar vidas através de projetos sociais, principalmente o Instituto Ayrton Senna, que leva educação e esperança a milhares de crianças brasileiras.

Senna não foi apenas um piloto; foi um exemplo vivo de que vencer é possível quando se une talento, trabalho e um propósito maior. Ele nos ensinou que, não importa o tamanho do desafio, se você tiver fé, disciplina e coragem, pode cruzar qualquer linha de chegada.

Ayrton viveu e desenvolveu todo o seu potencial, nunca ficou preso a uma mentalidade de vítima e por isso seu legado está eternizado.

E para finalizar, compartilhar esta grande história, vou escrever a mensagem que ele deixou eternizada para todos nós.

> "Seja você quem for, seja qual for a posição social que você tenha na vida, a mais alta ou a mais baixa, tenha sempre como meta muita força, muita determinação e sempre faça tudo com muito amor e com muita fé em Deus, que um dia você chega lá. De alguma maneira você chega lá."
>
> **— Ayrton Senna**

LIBERTE
O SEU
POTENCIAL!

2

SE OLHE NO ESPELHO

*E**m Marbella, uma pequena cidade localizada na Espanha,** havia uma tradição que era passada de geração em geração: toda vez que um morador tinha uma crise existencial, com insatisfação, medo do futuro e momentos de dúvidas e incertezas, ele procurava o líder da comunidade e era enviado à Casa dos Espelhos.*

A Casa dos Espelhos era um lugar mágico, que ficava no coração desta cidade, onde os espelhos não refletiam somente a aparência física, mas também a alma e a verdadeira essência de cada pessoa. Quando uma pessoa entrava na casa, se deparava com um momento de alta reflexão, uma sala repleta de espelhos mágicos, cada um revelando uma faceta diferente de sua verdadeira personalidade.

Um dia, um jovem aprendiz se viu diante de uma dificuldade na sua vida e ele estava com muito medo, confuso e indeciso sobre qual caminho seguir. Com o coração aflito, ele decidiu buscar ajuda e desta forma foi enviado à Casa dos Espelhos.

Ao entrar na casa, esse jovem se deparou com sua própria imagem refletida em todos os ângulos. Mas, à medida que ele se aproximava de cada espelho, percebia algo diferente. Em um, via refletido o seu medo; em outro, sua confiança frágil; e em outro ainda, a sua força interior.

Contemplando cada reflexo, o jovem começou a compreender que a verdadeira jornada não estava fora, mas dentro de si. Ele percebeu que, para encontrar as respostas que buscava, precisava se olhar profundamente no espelho de sua própria alma.

Com coragem, mergulhou nas profundezas de sua própria consciência, enfrentando seus medos e incertezas e tendo que lidar com suas falhas e fraquezas; mas também descobriu suas virtudes e potenciais. E ao se aceitar plenamente, encontrou a clareza e a direção que tanto buscava.

Ao sair da Casa dos Espelhos, esse jovem não era mais o mesmo. Ele havia compreendido que a verdadeira jornada da vida é um processo de autoconhecimento contínuo, onde cada reflexão nos ensina algo novo sobre nós mesmos.

E com esses aprendizados, seguiu em frente, confiante em sua capacidade de enfrentar os desafios que o aguardavam.

Caro leitor, eu não sei qual o momento que você está passando em sua vida. Se você está feliz, ou se está triste, motivado ou sem esperança, se recebeu uma notícia muito boa, ou se a notícia foi ruim; talvez você não esteja passando por nada disso e somente leve a vida um dia de cada vez, sem grandes desafios. É exatamente por isso, por eu não saber como você está agora, que eu gostaria de lhe fazer algumas perguntas para você refletir e, a partir das suas respostas, criarmos uma conexão durante a leitura deste livro. Peço encarecidamente que você seja verdadeiro nas suas respostas, pois o seu passado, você não pode mudar, mas o seu futuro está nas suas mãos, esperando viver a sua melhor versão.

QUANDO FOI A ÚLTIMA VEZ QUE VOCÊ SE OLHOU NO ESPELHO?

Ou melhor, vou reformular a pergunta: *quando foi a última vez que você se olhou **verdadeiramente** no espelho?* Para dentro de si, igual ao jovem aprendiz da parábola deste capítulo.

Muitos nem se lembram se já fizeram isso alguma vez, então pare por alguns minutos e faça esse exercício; conecte a sua visão com a imagem que está refletindo, e descubra quais vão ser os sentimentos que vão brotar no seu coração.

O que os seus olhos enxergaram no seu reflexo do espelho? Uma pessoa feliz ou triste? Uma pessoa com sonhos e visão de futuro atraente, ou uma pessoa com baixa autoestima e uma visão de futuro sem perspectivas? Um vencedor ou um perdedor? Uma pessoa com paz de espírito e amor no coração, ou uma pessoa magoada, ressentida, traumatizada? Alguém que precisa pedir perdão, ou alguém que precisa liberar perdão?

Faça uma reflexão dessas perguntas, as respostas que você encontrou revelam como tem sido a sua vida até este momento.

Muitas pessoas têm dificuldades em responder a essas perguntas por terem medo de fazer uma análise interna e descobrir que o grande problema pode estar dentro delas. A maioria das pessoas detesta olhar para dentro de si, e quando olham, raramente fixam os próprios olhos, é desconfortável demais, assustador demais. Muitas vezes, a pessoa refletida no espelho é um desconhecido que não se parece em nada com o adulto que a criança que existiu em sua vida um dia imaginou se tornar.

Por mais incômodo que seja, para acontecer a verdadeira transformação na sua vida, você precisa fazer essa tarefa de se olhar no espelho todos os dias para compreender o que o seu reflexo está mostrando. Você precisa conhecer melhor as suas qualidades e limitações, o que te motiva e o que te assusta, para ter clareza de quem você é.

Você precisa se certificar de que a pessoa do reflexo é a mesma que você imaginou que se tornaria um dia. E se você não está feliz com a pessoa que você viu no reflexo do espelho, é o momento de mudar.

A pessoa que você quer se tornar tem que estar alinhada com as suas ações. Você precisa fazer isso para não se perder e se tornar uma pessoa vazia, que não vive uma vida e sim uma rotina que não leva ao lugar desejado.

As pessoas que conseguem enxergar com verdade o próprio reflexo do espelho, conseguem ter uma visão clara de onde a sua vida está e qual caminho seguir para chegar à vida que deseja, despertam a sua força interior e desenvolvem todo o seu potencial.

Já as pessoas que não conseguem se olhar no espelho, que fogem dessa avaliação, estão perdidas dentro de suas mentes, presas no casulo, talvez vivendo uma vida superficial, pois quem não conhece a própria identidade é guiado pelas circunstâncias, numa rotina que não leva ao lugar desejado.

Agora respire fundo e faça uma reflexão:

* Quão grande você sonharia se soubesse que não falharia na jornada dos seus sonhos? Se não tivesse limites postos à prova, estresse, noites em claro ou pessoas que o decepcionariam, trairiam ou falariam mal de você?
* Qual seria seu nível de ousadia, motivação, determinação e confiança se não existissem obstáculos no seu desenvolvimento? Se a garantia dos resultados para conquistar seus objetivos fosse certa?
* Como seria a formação da sua maturidade e do seu estado emocional sem as dificuldades da vida?

As dificuldades existem para forjar o caráter de qualquer pessoa. Por detrás de toda pessoa bem sucedida, existe uma história de muita atitude, coragem, fé e superação.

Para chegar nesse nível, são muitas noites em claro, com muitas reflexões que fazem parte da construção do autoconhecimento.

Nenhuma pessoa se torna um sucesso do dia para a noite e as adversidades são convivências diárias na vida de todas as pessoas que são protagonistas das suas vidas. Eu nunca conheci uma pessoa que chegou onde, para muitos, seria o lugar mais alto do pódio da vida – com sucesso, dinheiro e reconhecimento – sem passar por períodos tenebrosos, lutas, desafios, traições e decepções. Na verdade, é isso que constrói uma pessoa vitoriosa: a postura dela diante dos cenários de crise. Então, eu aprendi que essas são as pessoas que encaram os desafios da vida com coragem, que têm o prazer de abraçar o trabalho duro, com fé e resiliência, e que fazem a diferença no ambiente em que estão.

Estamos vivendo em uma geração cercada de multidões escravizadas pelas suas crenças limitantes, que vivem uma vida abaixo do seu potencial e terceirizam essa responsabilidade para o "universo". Se sentem sobrecarregadas e muitas vezes sem a energia necessária para mudar a situação em que se encontram. Aceitam uma situação negativa que estão passando como se fosse algo definitivo e eternizado até o fim dos seus dias.

Uma geração que quer ser poupada das dores do processo. O problema é que, quando sou poupado da dor do processo, estou sendo afastado da oportunidade do crescimento. Se você tem sentido dor no processo, se orgulhe, pois existe um crescimento sendo gerado em você, existe uma força que brota em meio à dor ou insatisfação que vai libertar o potencial que existe em você. Tem muita gente desistindo dos processos porque esqueceu do propósito. Se você adiar essa dor, nunca vai ter a chance de viver o máximo do seu potencial.

O que a gente aprende com isso é que às vezes a gente consegue ter motivação para vencer a dor no início da jornada, mas o que vai mudar a sua história é conseguir vencer a dor durante a jornada.

É por isso que temos uma quantidade muito grande de pessoas descrentes com a vida, que colocam as soluções dos seus problemas nas mãos de outras pessoas ou de influências externas.

Se você não tiver disposição para enxergar o reflexo da sua vida, mudar os pensamentos internos para depois reverberar no externo, a sua vida não vai mudar.

Tudo começa com uma escolha. A decisão de mudar não depende das circunstâncias externas, nem do que fizeram com você no passado. Ela nasce dentro, no exato momento em que você se recusa a aceitar uma vida abaixo do seu potencial.

Talvez você esteja se sentindo preso, frustrado ou simplesmente incomodado com a sensação de que poderia ser mais, fazer mais, viver mais. Esse incômodo não é um erro — é um sinal. Um chamado para despertar.

Decidir mudar é mais do que um pensamento passageiro. É um compromisso com você mesmo. Um ponto de virada. E, embora o caminho possa ser desafiador, o simples ato de dizer "basta!" e dar o primeiro passo já te coloca em movimento rumo a uma versão mais forte, mais consciente e mais realizada de si mesmo.

Você não precisa saber todos os passos agora. Só precisa começar.

Não há nada de errado em se sentir um pouco triste, ter dias irritados, viver derrotas e frustrações — isso é **SER** humano.

As pessoas que conhecem a sua identidade sabem que resultados adversos acontecem na vida de todas as pessoas vitoriosas. Por isso, cuidam de sua saúde emocional. Elas sabem que, com fé, trabalho, honra e coragem, toda adversidade pode ser revertida em sucesso. Sempre que você estiver sobrecarregado pela vida, crie seu lugar de refúgio e medite em oração. Deixe seus momentos solitários serem transformados em momentos sagrados de autoconhecimento.

A pessoa que levanta cedo todos os dias para encarar a vida com uma postura vitoriosa, enfrentando as dificuldades do dia a dia - contas, estresse, pessoas grosseiras -, que trabalha em um emprego que não ama, mas, ainda assim, faz o seu melhor por compreender que é uma ferramenta que Deus colocou em suas mãos para sustentar a sua família e, mesmo com lutas e sacrifícios, tem gratidão no coração, essa pessoa é digna de honra e respeito. Pois não está fazendo isso para ser feliz, mas para ser um homem ou uma mulher de verdade. Quantos homens e mulheres de verdade você conhece que sacrificaram seus desejos para viver algo maior?

Preciso que você olhe onde está agora, não importa o quão difícil seja, não importa o que você esteja passando, não importa quais dificuldades enfrentou, você continua aqui, lendo este livro, e com a oportunidade de escrever os próximos capítulos para libertar todo o potencial que está adormecido em você. Então, preciso que você olhe para trás e veja tudo o que superou e resgate a sua força interior, conheça a sua identidade e se proponha a ler os próximos capítulos deste livro com energia e concentração, pois aplicando esses princípios multipliquei meus resultados e tenho certeza de que você vai multiplicar os seus.

Faça esse exercício de reflexão até enxergar quem realmente você é; tenha clareza da sua vida atual e da sua visão de futuro e se comprometa consigo mesmo a caminhar em direção à vida que merece.

Tome a decisão de escolher bem quais os compromissos que você vai assumir daqui para frente e de excluir tudo o que matou o seu progresso e evolução. Há uma série de hábitos que parecem inofensivos e que dificultam a nossa vida. Quando for tomar uma decisão, pense bem antes, reflita, peça conselhos, mas, quando chegar a hora de agir, mergulhe de cabeça, termine o que começou, ultrapasse a linha de chegada. Um homem e uma mulher de verdade não podem abandonar algo que se propuseram a fazer, devido às dificuldades ou falta de motivação. Parece besteira, mas olhe ao redor, para as pessoas e para dentro de si e reflita em quantas oportunidades se passaram pelo simples fato de não dar o melhor de si mesmo, ou de desistirem no meio do caminho. Se você não está preparado para realizar as pequenas tarefas com disciplina e comprometimento como se elas fossem grandes, você nunca está pronto para realizar a sua "visão de futuro atraente".

Por isso, não assuma todos os compromissos, não aceite todas as oportunidades. Reflita bem antes de decidir e aprenda a falar não. **Muitas vezes, é pelo "NÃO" que dizemos que o nosso "SIM" chega mais rápido**. Mas quando assumir um compromisso que vai guiar você para a vida que deseja, assuma de verdade, e não em meios termos.

Não deixe nada inacabado para depois ficar pensando:

"Se eu tivesse me esforçado mais."

Quando você faz algo pela metade, nunca vai saber se falhou ou se teria sucesso.

O que importa é descobrir; olhar no espelho e dizer:

"Eu não fiz pela metade, eu fui até o fim e fiz o meu melhor."

Quando enxergamos o nosso reflexo, descobrimos quem somos e sabemos o caminho que podemos trilhar, enxergamos tudo que temos em nós e ao nosso redor, de positivo e negativo.

Para finalizar cada dia, você deve se permitir olhar no espelho e perguntar para si:

"Melhorei hoje?"

Se a resposta for sim e você fizer isso nos próximos anos, sem se distrair durante essa jornada, você verá o grande milagre acontecer na sua vida.

VOCÊ ESTÁ DISPOSTO A ASSUMIR ESSE COMPROMISSO DE EVOLUIR 1% A CADA DIA?

E SE VOCÊ NÃO
ESTÁ FELIZ
COM A PESSOA
QUE VOCÊ VIU
NO REFLEXO DO
ESPELHO, É O
MOMENTO DE
MUDAR.

ERA UMA VEZ UM GAROTO PRODÍGIO.

ROBERT DOWNEY JR.

Robert Downey Jr. nasceu para brilhar. Cresceu entre câmeras, roteiros e holofotes. Ainda jovem, já era chamado de gênio, com uma presença em cena que encantava críticos e emocionava plateias.

Seu talento parecia inesgotável, como se cada papel que interpretava fosse um reflexo da sua própria verdade. Mas o que poucos sabiam... é que o verdadeiro papel da sua vida ainda estava por ser escrito. E ele não viria dos estúdios. Viria da dor.

No auge da fama, quando seu nome ecoava entre as maiores promessas de *Hollywood*, Robert não tinha paz. Havia uma tempestade dentro dele — uma mistura de traumas, vícios e silêncios não ditos. Quando os aplausos cessavam e o camarim se fechava, o menino-prodígio se tornava refém de um mundo barulhento, onde a droga era o abraço mais fácil e o álcool o anestésico da alma.

Ele se perdia nos próprios labirintos. Foram inúmeras prisões, manchetes vergonhosas, internações forçadas, tentativas de recomeço que mal duravam alguns dias. Em meio a esse caos, perdeu contratos, respeito, amizades e quase perdeu a si mesmo. Sua carreira, que antes era símbolo de ascensão meteórica, virou um estudo de caso sobre autodestruição. A indústria, que um dia o ovacionou, agora o via como um peso, uma bomba-relógio imprevisível.

Mas o fundo do poço tem algo que nenhuma sala de premiação tem: silêncio.

E foi nesse silêncio que Robert se viu de frente para o espelho. Não havia maquiagem. Não havia figurino. Não havia aplausos. Apenas ele... e o reflexo nu de sua alma. Pela primeira vez, ele não viu o astro. Viu o homem ferido, o menino assustado, o coração cansado. E algo mudou ali. Não foi um discurso motivacional. Foi uma decisão crua, dura e necessária: pedir ajuda.

Ele se permitiu ser tratado. Se permitiu ser vulnerável. Foi em busca de profissionais, cercou-se de pessoas que não queriam o astro, mas sim o ser humano. Com o tempo, passou a reconstruir não apenas sua carreira, mas a si mesmo. Tirou os escombros do passado com coragem. Um tijolo por dia, uma escolha de cada vez.

E então, quase como um milagre que só a persistência pode proporcionar, Robert voltou. Mas não como antes. Voltou mais maduro. Mais centrado. Com cicatrizes, sim, mas com a alma limpa. Voltou para dar vida a um personagem que, ironicamente, refletia sua própria história: Tony Stark, o homem que se destruiu antes de encontrar seu verdadeiro propósito.

Sua volta foi mais que um retorno artístico. Foi um renascimento. Hoje, Robert Downey Jr. é um dos atores mais respeitados do mundo. Mas o maior respeito que carrega não vem dos críticos ou das bilheterias. Vem da sua própria consciência. Ele sabe o preço que pagou para recuperar a si mesmo. E é por isso que sua presença é tão poderosa: porque fala de verdade, de queda, de reerguida.

Robert nos lembra que, não importa quão fundo alguém vá, sempre há caminho de volta. Que nenhuma fama, dinheiro ou aplauso preenche o vazio da alma. E que o verdadeiro sucesso não está em ser aplaudido — mas em ser inteiro.

A maior atuação da vida de Robert Downey Jr. não está nos cinemas. Está na forma como ele escolheu não ser definido pela sua pior fase. Está em ter olhado no espelho e decidido não desistir. Porque o verdadeiro herói é aquele que decide se salvar.

LIBERTE
O SEU
POTENCIAL!

3

O PEQUENO GRÃO-DE-MOSTARDA

E*m um jardim abandonado, havia caído uma pequena* *semente que, de tão minúscula, passou despercebida por todas as plantas que tinham ali. Esta pequena semente era um grão-de-mostarda e tinha um sonho: crescer e se tornar uma grande e majestosa árvore, que ofereceria sombra para as pessoas e abrigo para os animais.*

Todas as plantas ao seu redor duvidavam do potencial desta pequena semente: como um pequeno grão poderia se transformar em uma majestosa árvore?

E para alcançar seu destino, a pequena semente precisava enfrentar muitos desafios diários. Entre eles, o solo árido e um local onde havia muito calor durante o dia e uma queda severa de temperatura à noite, além de que em algumas épocas do ano tinha que lidar com a seca e em outras com muitas tempestades. Apesar de seu tamanho pequeno, a semente era resiliente e determinada, além disso, queria se desenvolver para realizar o propósito que havia em sua vida.

Dia após dia, a pequena semente lutava para crescer, enfrentando a dor do crescimento. Suas raízes penetravam profundamente no solo em busca de água e nutrientes, seus brotos enfrentavam as forças da natureza e suas folhas resistiam ao calor abrasador.

Certo dia, quando a pequena semente começou a brotar, ela olhou para cima e viu uma grande árvore com galhos robustos e folhas exuberantes, balançando suavemente ao vento. A pequena semente ficou maravilhada e inspirada, ao perceber que aquele era o destino que ela também desejava alcançar.

Um beija-flor que sempre estava ali sorriu e disse para a pequena semente: "todos os dias estou aqui voando por esse jardim e notei que você enfrentou muitas dificuldades para viver, mas sua jornada apenas começou; assim como essa árvore que você tanto admira, você também pode se tornar grande e majestosa, se continuar a enfrentar os desafios com coragem e determinação."

A pequena semente compreendeu então que a dor que ela enfrentava era parte essencial de sua jornada de crescimento. Cada desafio que enfrentava a tornava mais forte e resiliente.

Passado algum tempo, a pequena semente cresceu e se tornou uma grande e majestosa árvore-de-mostarda. Seu propósito havia se realizado, espalhando sua sombra e oferecendo abrigo para muitos. E assim, aprendeu que, apesar da dor do processo, o crescimento vale a pena, pois é nesse momento que encontramos nossa verdadeira força e alcançamos nossa melhor versão.

Faça uma reflexão sobre a sua vida, igual à pequena semente que tinha um propósito a ser realizado, mas que para viver esse propósito passou pelo desconforto. Como foram os últimos anos da sua vida? Você sentiu o conforto da estagnação, ou passou pelo desconforto do crescimento?

A dor faz parte da nossa jornada de vida, a dor da perda, a dor da separação, a dor da traição, a dor da rejeição, a dor do desânimo, a dor do processo, a dor da cobrança, a dor do luto. A grande questão não é se vamos sentir dor, e sim, o que estamos aprendendo com ela. A dor consegue nos conectar com o nosso Criador. Ao estudarmos as histórias presentes na Bíblia (o livro das Sagradas Escrituras), percebemos que, muitas vezes, cultivamos uma falsa expectativa de que Deus nos poupe daquilo que Ele não poupou nem ao próprio Jesus.

Jesus não foi poupado da dor do processo, Jesus não foi poupado da dor em meio ao trabalho, Jesus não foi poupado da dor do abandono, da dor da traição, nem da dor física, da humilhação e da crucificação.

A Bíblia diz que, quando ele está próximo de se entregar, ele diz: *"Pai, se possível for, afasta de mim esse cálice, mas que seja feita a sua vontade e não a minha."* (Mateus 26:39).

O que quero compartilhar com você é que muitas vezes, pelas nossas limitações, criamos uma falsa expectativa e questionamos a Deus do porquê passamos por situações dolorosas durante a vida, sendo que a Bíblia nos ensina que a dor do processo faz parte do nosso desenvolvimento.

Existia dor na vida de José quando seus irmãos o venderam como escravo, mas existia um propósito que fez com que José não parasse e ele se tornasse Governador do Egito.

Existia dor na vida dos apóstolos de Jesus Cristo em meio a cativeiros e perseguições, mas também existia fé para que eles suportassem essa dor e levassem a mensagem de Deus em todos os cantos do mundo e, através dessa mensagem, mudassem a história da humanidade.

Existia dor na vida de Davi, quando Saul, por inveja, ordenou que o matassem, mas mesmo na dor, ele continuou honrando Saul como rei.

Existia dor na vida de Jó quando ele perdeu tudo e seus amigos o acusaram, mas mesmo na dor, ele não corrompeu os seus valores e a sua fé em Deus.

Crescer dói! Você tem interesse em crescer? Crescer profissionalmente? Na sua carreira? Nos seus negócios? Como homem? Como mulher? Crescer na sociedade?

A maioria das pessoas tem o desejo de crescer, de ser reconhecida e acredita que, um dia, a sua hora chegará. No entanto, é crucial ter em mente que o preço a ser pago é elevado e, ao longo do processo, você terá dor. Durante a dor, você terá vontade de desistir, sua mente ficará constantemente tentando brigar com você, implantando a crença de que todo o esforço é inútil, ou que o seu sonho é tão grande que não é possível concretizar. As vozes das pessoas que lhe sabotam vão fazer barulhos na cabeça e as atitudes negativas de pessoas próximas a você vão penetrar no seu coração. Tudo isso para fazer você desistir de lutar pelos seus objetivos.

O problema não é passar pela dor, o problema é viver algo vazio. As dificuldades que surgem na vida são um péssimo mestre que não devemos permitir nos guiar, porém, é um ótimo servo, ao permitirem enxergar os nossos limites e até onde conseguimos ir. Se a dor começa a me liderar, eu só vou fazer aquilo que não dói, e como consequência, eu não tenho a oportunidade de desenvolver o meu potencial, porque eu preferi ficar reclamando na zona de conforto.

Todas as pessoas que são protagonistas, que se colocam na posição de viver seu propósito, são visionárias. E todo visionário consegue ver além do seu tempo, ir além das circunstâncias e enxergar para além da sua dor.

Usain Bolt, o maior velocista de todos os tempos, disse uma vez: *"Eu treinei quatro anos, todos os dias, para correr nove segundos. Tem gente que não vê resultados em dois meses e já desiste."*

Faça uma reflexão da sua vida: **quando você lembra do seu propósito, ou da sua família, você continua fazendo o que tem que ser feito?**

Porque a visão da sua família ou do seu propósito para você fazer o que faz é o que lhe sustenta no meio do processo. Se você esquecer da visão que Deus lhe deu, para você fazer o que faz, na primeira dor ou dificuldade, você vai desistir. E todas essas pessoas que citei como exemplo, não foram poupadas da dor, mas o que as fez suportar esses momentos, foi o propósito definido em suas vidas.

Quantas coisas você teria deixado de fazer se tivesse parado quando algo começou a doer? É muito melhor a dor do crescimento do que a dor da atrofia e estagnação.

A partir do momento em que você está comprometido com a sua evolução, vai deixar de fazer o que domina para assumir novos desafios. E quando você assume novos desafios, isso naturalmente vai gerar desconforto, pois você vai deixar aquilo a que está acostumado para começar a lidar com o que está aprendendo. Tudo o que é bom e próspero exige esforço e comprometimento. Se você deseja realizar algo grande, em algum momento vai ter que pagar o preço; tudo o que dá resultado passa por dificuldades e incertezas. Porém, se você está disposto a viver a sua jornada de desenvolvimento, vai compreender que as dificuldades não são obstáculos que vieram para nos parar, mas sim situações que surgem para nos fazer crescer e subir de nível.

Uma criança quando está no processo de aprender a andar é muito comum ela cair muitas vezes, pois ela está em fase de aprendizados e mesmo assim ela não desiste de tentar. Quando uma pessoa está no processo de crescimento, essa metáfora serve perfeitamente.

Tem muita gente desistindo da vida porque se esqueceu do propósito. O que a gente aprende com isso é que, às vezes, a gente consegue vencer a dor no início da jornada, mas o que vai mudar a nossa história é se a gente conseguir vencer a dor durante o caminho.

SÓ VAI VIVER O MILAGRE QUEM SUPORTAR PASSAR PELA DOR DO PROCESSO.

Igual às histórias reais que compartilho neste livro, somos iguais aos grãos-de-mostarda, que antes de se tornar uma bela e majestosa árvore, passa pelo processo de desenvolvimento.

Crescer dói, porém desenvolve sua mentalidade e, como consequência, seus hábitos e resultados. As pessoas, às vezes, optam por se acomodar, por ficarem paradas, estagnadas, "curtindo a vida". Elas não sentem o desconforto que a dor do crescimento promove, mas também não vão sentir o prazer da vitória em suas vidas.

Crescer dói, porque significa deixar para trás o familiar e enfrentar o desconhecido. Significa trabalhar incansavelmente e muitas vezes sem garantias de sucesso imediato. Significa enfrentar críticas, fracassos e momentos de dúvidas e incertezas, com humildade e a crença positiva de que momentos ruins também chegam ao final. É uma história repleta de momentos de intensa autodescoberta. Na sua jornada de vida, cada passo dado em direção ao desenvolvimento é acompanhado por uma série de obstáculos e batalhas que vão lhe ensinar sobre resiliência e superação.

Crescer dói, mas é nessa dor que temos a oportunidade de aprender novas habilidades e talentos que nem sabíamos que possuímos.

Crescer de fato dói, mas crescer com propósito vale a pena.

A DOR DO
PROCESSO FAZ
PARTE DO NOSSO
DESENVOL-
VIMENTO.

DA CONDIÇÃO LIMITADA À VIDA EXTRA-ORDINÁRIA.

JELRES FREITAS

Eu conheci esse grande amigo e irmão, Jelres Freitas, no momento mais sombrio da minha vida.

Eu estava vivendo o luto da minha mãe... completamente esgotado com as pressões da minha empresa, depois de ter enfrentado uma pandemia devastadora, traições inesperadas e negócios que simplesmente desmoronaram. Aos olhos do mundo, eu parecia um vencedor. Mas, por dentro, eu estava completamente destruído.

E foi ali, no meio do caos, que experimentei uma verdade espiritual: assim como o diabo envia pessoas para nos confundir, Deus envia anjos para nos resgatar — e um desses anjos tem nome, história e propósito.

Um desses anjos é Jelres Freitas.

Nos conhecemos em um curso de oratória. Eu só queria passar despercebido. Mas quando ouvi seu testemunho pela primeira vez, algo em mim se quebrou... e algo muito mais forte se reconstruiu. Sua mensagem me resgatou da escuridão.

Jelres convive com a AME (Atrofia Muscular Espinhal), uma doença degenerativa rara que carrega desde o nascimento. Ele nunca andou. Nunca correu. E cresceu ouvindo previsões de morte a cada consulta médica. Segundo ele mesmo compartilha, sua expectativa de vida era, no máximo, cinco anos. E não era um exagero. Seu irmão mais velho, que nasceu com a mesma condição, viveu apenas cinco dias. Sua irmã, também com AME, faleceu faltando cinco dias para completar cinco anos.

Jelres é o caçula.

Filho da dona Francisca e do seu Manoel, dois gigantes da fé, ele poderia ter sido apenas mais um nome na estatística da dor. Mas escolheu ser milagre. Escolheu ser resistência. Escolheu ser luz.

Enquanto muitos usariam sua condição para justificar uma vida limitada, Jelres decidiu trilhar um caminho completamente diferente. Ele jamais se vitimizou. Pelo contrário: se transformou em um guerreiro silencioso, que, com fé, humor e propósito, foi abrindo caminhos onde diziam que não havia estrada.

Advogado de formação, montou um escritório que impacta milhares de vidas. Mas ele foi além: lutou incansavelmente para que o governo federal aprovasse o custeio do tratamento da AME pelo SUS. Ele não lutou só por ele, lutou por todos.

E como se tudo isso já não fosse extraordinário, Jelres também brilha nos palcos.

Com uma cadeira de rodas e um microfone, ele enche salões, auditórios e corações com sua mensagem de fé, coragem e esperança. Já estivemos juntos em vários eventos, e eu vi com meus próprios olhos: vidas se rendendo à transformação apenas por ouvir sua voz.

Tive a honra de receber seu posfácio neste livro e ainda mais alegria de lançar, pela Editora Newcastle, seu próprio livro: *Se Enxerga: Uma Jornada Transformacional* — uma obra forte, sensível e que carrega o poder de despertar o que há de mais precioso dentro de cada ser humano.

E não para por aí. Ele também compartilhou seu testemunho emocionante no nosso canal do YouTube, *PodCastle TV*, no quadro *Histórias que Inspiram*. Este foi um dos episódios mais emocionantes que já gravamos e, honestamente, é impossível sair o mesmo depois de ouvir o que ele tem a dizer.

Jelres Freitas é a prova viva de que ninguém precisa ser refém das circunstâncias para alcançar o seu propósito; ele escolheu ser exemplo, não exceção.

E por tudo o que ele representa, posso dizer com toda certeza e com todo o meu coração: Jelres Freitas é a pessoa mais extraordinária do Brasil.

E se ele, com tudo contra, escolheu viver com coragem... o que te impede de recomeçar agora, com tudo a favor?

A vida não é sobre o que te aconteceu. É sobre o que você escolhe fazer com isso.

É sobre transformar limites em força.

Dor em missão.

E fé em combustível para continuar.

Você ainda está aqui.

E isso já é o maior sinal de que a sua história não terminou.

LIBERTE
O SEU
POTENCIAL!

4

OBJETIVO DEFINIDO

Ela caiu, levantou e fez história.

Sifan Hassan não nasceu em lugar fácil. Ela nasceu na Etiópia, no meio da pobreza, da instabilidade, da luta diária pela sobrevivência. Mas ali, no meio do caos, nasceu também algo mais forte que a dor: a esperança.

Aos 15 anos, ela deixou tudo para trás. Fugiu sozinha para a Holanda. Chegou como refugiada, sem família, sem amigos e sem falar o idioma. Mas com um coração indomável.

Ela não corria apenas por medalhas. Ela corria por liberdade. Corria por uma vida. Corria por tudo o que tiraram dela.

E foi com essa força que ela chegou aos Jogos Olímpicos de Tóquio, em 2021.

Ali, o mundo viu o que significa não desistir.

Era a bateria classificatória dos 1.500 metros.

Faltando uma volta...

Ela caiu. Tombou feio.

O corpo no chão.

O tempo passando.

As adversárias sumindo na frente.

Todo mundo pensou: "Acabou."

Mas não para ela.

Sifan se levantou. Olhou para frente. E começou a correr.

Não devagar. Não com medo.

Ela disparou. Ultrapassou uma. Depois outra. Depois todas.

E venceu.

No mesmo dia, na mesma prova em que caiu.

O estádio em choque. O mundo emocionado.

Não era apenas uma vitória.

Era uma mensagem viva: ***A queda não é o fim. É só mais uma curva no caminho da vitória.***

Mas Sifan foi além.

Naqueles Jogos, ela fez o impossível:

- *Ouro nos 5.000 metros.*
- *Ouro nos 10.000 metros.*
- *Bronze nos 1.500 metros.*

Três medalhas.

Três distâncias.

Três provas onde o mundo assistiu não só uma atleta...

Mas uma alma invencível.

E ela não parou por aí.

Nos Jogos Olímpicos de Paris 2024, Sifan voltou a surpreender o mundo:

- *Bronze nos 5.000 metros.*
- *Bronze nos 10.000 metros.*
- *Ouro na maratona, com recorde olímpico de 2h 22min 55s.*

Com isso, ela se tornou a primeira mulher na história a conquistar medalhas olímpicas nos 1.500, 5.000 e 10.000 metros e na maratona.

Um feito que ecoa as lendas do atletismo e inspira gerações.

Sifan Hassan mostrou ao mundo que:

- ***Não importa de onde você vem. O que importa é onde você quer chegar.***
- ***Quando cair, levante-se mais forte.***
- ***Quando duvidarem de você, corra com o coração.***

Ela chegou como refugiada.

Foi recebida como anônima.

E saiu como campeã olímpica, inspiração mundial e símbolo de superação.

Chegou a hora de transformar cada tropeço em impulso, definir o seu objetivo e conquistá-lo, pois, igual à corrida, a vida não é sobre cair e sim sobre nunca desistir e, só para lembrar, ninguém nunca se arrepende de ter persistido.

As vitórias e conquistas em nossas vidas são sempre o início para uma nova jornada. Toda grande realização humana nasceu de um objetivo bem definido. Por detrás de todo grande feito que já ocorreu na história da humanidade, existe a assinatura de uma ou mais pessoas, que não se conformaram com as derrotas impostas pela vida. Ter um sonho é acender a chama que explode o seu coração, em acreditar na realização do impossível. Sem sonhos, metas ou objetivos, é improvável libertar todo o potencial que existe adormecido em você. A persistência é o que guia toda pessoa a sair do ordinário para viver o extraordinário, mas você só desenvolve essa característica se tiver um objetivo claro e definido em sua vida. Não venda a sua vitória sem antes lutar ao máximo por ela, com todos os recursos que vocês têm em mãos. Este é o primeiro passo para alcançar o resultado que tanto deseja. Se a corredora Sifan tivesse desistido da corrida pelo tombo que levou, ninguém saberia o nome dela, mas ela decidiu, em fração de milésimos de segundo, persistir e realizou o que para muitos era considerado um feito impossível de acontecer. O seu nome ficou eternizado na história deste esporte.

O que quero compartilhar neste capítulo, caro leitor, talvez seja o aprendizado mais importante que aprendi na minha vida.

PESSOAS QUE CONSTRUÍRAM GRANDES RESULTADOS EM SUAS VIDAS SABEM DA IMPORTÂNCIA DE TER UM OBJETIVO DEFINIDO.

Todos sabemos que nenhuma pessoa é poupada de passar pelas mazelas da vida. Em algum momento, todas as pessoas vão passar por situações adversas que podem feri-las e atrapalhar seus caminhos. Porém, o que define seu destino é se essas mazelas vão pará-las ou se vão se tornar o combustível de sua melhor versão.

Uma pessoa vitoriosa sempre escolhe seguir em frente.

A prosperidade não acontece na vida de quem muda de ideia toda hora, de quem só vive reclamando das dificuldades, se colocando como coitadinhos das situações. Que pessoa você conhece que é bem-sucedida e vitoriosa na vida, com a mentalidade fraca e de perdedor?

Eu não conheço nenhuma.

Deus quer que você pare de murmurar, porque quando você murmura, você torna uma jornada de três dias, em uma viagem de quarenta anos. Enquanto permanecermos quietos, sem alimentar o problema e focar na solução, isso logo terminará.

E se Sifan tivesse desistido da prova quando tropeçou na adversária. Qual seria a história dela? A mesma mentalidade que a fez seguir em frente, foi a que a fez se tornar a única atleta com medalhas em quatro provas diferentes.

E se Michael Jordan tivesse desistido de ser um campeão, mesmo com seu primeiro título da NBA vindo em sua sétima temporada?

E se Ronaldo Fenômeno tivesse desistido de voltar a jogar futebol quando quebrou o joelho. Será que o Brasil não seria pentacampeão do mundo?

E se Messi tivesse desistido com todos os ataques ou a pressão que ele sofria em seu país?

Perceba como todo grande resultado nasce de um objetivo definido e de uma mentalidade direcionada para agir nessa direção.

Quantas vezes você não deixou oportunidades passarem despercebidas porque não tinha o foco total no objetivo?

Suporte as dificuldades como um bom soldado.

Não é apenas suportar, é como você suporta. Você tem que conseguir suportá-las sem mudar sua atitude e caráter. Sem amargura, sem buscar culpados, aproveite os aprendizados da derrota e, no dia seguinte, traga a vitória novamente. Para passar por muitas batalhas, tem que fechar a boca, reclamar menos, agir mais, não se distrair e não fugir do problema.

Se você já assistiu ao *O Rei Leão*, com certeza conhece Timão e Pumba, dois personagens carismáticos que se tornam grandes amigos de Simba, o legítimo herdeiro do trono.

Assim como acontece na história de Simba, também precisamos estar atentos aos nossos próprios "Timão e Pumba", pois eles têm o poder de nos distrair e afastar do nosso propósito. Em momentos de dor, é fácil nos deixarmos influenciar por pessoas que chamamos de "amigos", mas que, na verdade, podem nos dar conselhos ruins simplesmente porque queremos aliviar nosso sofrimento.

Se não tivermos cuidado, podemos cair na cilada de dar ouvidos a pessoas que, apesar de parecerem legais e talvez até quererem nos proteger, podem, às vezes, nos fazer mal por inveja ou algum sentimento ruim escondido no coração. Assim, nos afastamos da promessa de Deus, por ouvir a voz do diabo. O diabo serve um prato cheio, bonito e cheiroso, para confundi-lo e afastá-lo do grande propósito que Deus tem para sua vida.

No filme, após a morte de seu pai, Simba foge de sua terra, tomado pela dor e pelo desejo de escapar da realidade. É nesse período que ele encontra Timão e Pumba. No entanto, ao optar por essa fuga, ele se afasta de sua verdadeira identidade e de seu propósito como leão e começa a viver com hábitos de comportamento contrário à sua natureza.

Mais tarde, perto do desfecho da história, Nala, sua amiga de infância e futura esposa, sai em busca de comida e acaba reencontrando Simba. Ela fica surpresa ao vê-lo vivo, pois acreditava que ele estava morto. Nala conta que as terras onde cresceram foram devastadas pelo reinado cruel de Scar, seu tio, que usurpou o trono. Após muita reflexão, Simba percebe que fugir não o livra da dor e decide retomar seu lugar. Ele enfrenta Scar, derrota-o e recupera o reino, honrando o legado de sua família. Junto de Nala e dos outros leões, Simba começa uma nova era, reconstruindo sua história e a de seu povo.

Definir um objetivo e conhecer o seu propósito é como traçar um mapa para o destino que você deseja alcançar. Sem ele, é fácil se perder nas distrações do dia a dia, e você só percebe o quão nocivo isso é depois que a vida passou. Cuidado com as distrações: elas não parecem perigosas.

Ao longo da vida, conheci muitas pessoas que são grandes referências e autoridades na profissão que escolheram, e todas elas têm uma característica em comum: objetivo definido em suas ações. Se você conseguir ser uma grande referência em uma coisa, várias outras oportunidades surgirão para você aprender e multiplicar.

Ser apaixonado pelo processo é o verdadeiro diferencial entre aqueles que apenas sonham e aqueles que realizam. Toda pessoa de alto desempenho que construiu grandes legados na vida entendeu que o sucesso não é um destino, mas sim uma jornada diária de dedicação, aprendizado e superação.

A motivação diária em alcançar o objetivo definido é o que impulsiona grandes conquistas. O compromisso com o processo permite que erros sejam vistos como lições, desafios como oportunidades e o esforço contínuo como um privilégio, não uma obrigação.

Portanto, ao invés de focar apenas na linha de chegada, valorize cada pequeno avanço, cada treino, cada tentativa. Cada obstáculo superado é parte essencial da sua evolução. Apaixone-se pelo processo, e o sucesso se tornará inevitável.

O AMOR PELO PROCESSO CONSTRÓI DISCIPLINA, FORTALECE O CARÁTER E CRIA A VERDADEIRA BASE PARA UM LEGADO.

A crença positiva na sua capacidade de realização é a força silenciosa que impulsiona a seguir em frente, mesmo quando as circunstâncias parecem desfavoráveis. Ela cria uma mentalidade positiva, atrai as oportunidades certas e nos conecta ao melhor que a vida tem a oferecer. Grandes líderes, empreendedores e atletas de sucesso sabem disso: a fé é a chave que abre portas invisíveis para aqueles que ousam acreditar.

O que diferencia o corajoso do covarde, o vencedor do perdedor, é apenas uma característica: a atitude diante das circunstâncias da vida. E a sua fé determinará as atitudes que você tomará. Enquanto o corajoso enfrenta as adversidades, os resultados negativos e o que está por vir com a esperança de dias melhores, o covarde, geralmente, foge.

Diferente do otimismo ingênuo, que muitas vezes ignora os desafios, a fé positiva nos convida a reconhecer as dificuldades e, ainda assim, a manter a esperança e a determinação.

Imagine-se diante de um desafio. Em vez de se deixar abater, você escolhe acreditar na sua capacidade de realização.

Jonas Salk, por exemplo, dedicou anos de sua vida acreditando que poderia erradicar a poliomielite, e sua perseverança resultou na criação da vacina que salvou milhões de vidas. Elon Musk, com sua visão ousada, desafiou todas as probabilidades ao fundar empresas como Tesla e SpaceX, revolucionando o setor automotivo e espacial. Essas pessoas nos mostram que um objetivo definido com a mentalidade e atitudes corretas pode transformar sonhos grandiosos em realidade.

Todos os campeões, todas as pessoas que realizaram feitos extraordinários sempre tiveram essa característica em comum.

Quando você acredita em si e no seu potencial, o universo conspira a seu favor. Sempre que você se condiciona a fazer algo em que acredita verdadeiramente na vitória, de alguma forma sobrenatural, o milagre acontece.

Continue perseverando.

A ARMADURA DOS INQUEBRÁVEIS.

A MENTALIDADE MAMBA

Quando olhamos para a história dos vencedores, parece que eles nasceram com um dom especial. Um talento inatingível, quase sobre-humano. Mas essa é apenas parte da verdade. Por trás de cada vitória há muito mais do que o público vê. Existem dezenas de milhares de horas invisíveis — de esforço silencioso, suor, quedas, frustrações, noites mal dormidas e decisões difíceis tomadas longe das câmeras.

Eles não foram apenas abençoados. Eles foram forjados.

E sabe o que todos eles têm em comum? Uma mentalidade diferente. Uma fome insaciável. Uma obsessão quase irracional por melhorar todos os dias. Um pacto silencioso com a excelência que não aceita desculpas, apenas resultados.

Essa é a Mentalidade Mamba.

E não importa o esporte. Não importa o palco. Essa mentalidade aparece onde há grandeza.

Muhammad Ali. Michael Jordan. LeBron James. Kobe Bryant. Tony Robbins. Ayrton Senna. Lewis Hamilton. Ronaldo Fenômeno. Lionel Messi. Cristiano Ronaldo. Rodrigo Minotauro. E tantos outros exemplos que provam que o extraordinário é possível para quem se recusa a viver no comum.

Esses nomes parecem inalcançáveis, mas a verdade é que eles não são super-heróis de filme. São heróis da vida real. Pessoas que também tiveram dias ruins, momentos de dúvida, crises de identidade.

Como nas histórias que amamos, todos eles enfrentaram capítulos que pareciam um fim. Mas foi ali, no fundo do poço, na solidão, na dor, na rejeição, que eles decidiram não quebrar. Pelo contrário, decidiram se reconstruir ainda mais fortes.

Na ficção, chamamos isso de "jornada do herói".

Na vida real, chamamos de Mentalidade Mamba.

Kobe Bryant disse uma vez: *"A coisa mais importante é tentar inspirar as pessoas para que elas possam ser grandes em qualquer coisa que queiram fazer."*

E essa frase resume tudo. Não se trata apenas de ganhar sempre. Trata-se de nunca desistir. Não se trata de nunca cair. Trata-se de se levantar com mais força, mais foco e mais fome.

Essa mentalidade é a armadura invisível dos inquebráveis. Ela transforma dor em força. Rejeição em combustível. Fracasso em escada. É a chama que faz você continuar treinando quando ninguém está olhando, que mantém seu coração firme quando o mundo grita para você parar.

Se você está lendo isso agora, é porque algo dentro de você se recusa a aceitar a mediocridade. Você sabe, no fundo, que nasceu para algo maior. Então, este é o momento de tomar a decisão que muda tudo: pare de assistir à sua história e comece a protagonizá-la.

Treine mais do que o necessário.

Ame mais do que o esperado.

Resista mais do que o mundo imagina que você pode.

Você não precisa ser perfeito. Precisa ser determinado. E se for... se realmente for... ninguém — absolutamente ninguém — poderá parar você.

Essa é a alma da Mentalidade Mamba.

E esta é a sua oportunidade de se juntar aos inquebráveis.

É assim que você quebra as correntes que estão te amarrando, para libertar todo o seu potencial.

LIBERTE
O SEU
POTENCIAL!

5

CUIDADO COM AS APARÊNCIAS

Era uma vez uma rainha obcecada por beleza. Em seu castelo, havia um espelho mágico que respondia a qualquer pergunta. Todas as manhãs, ela se aproximava e perguntava com voz imponente:

— Espelho, espelho meu... existe alguém mais bela do que eu?

E o espelho, preso à verdade, respondia:

— Não, majestade. Você é a mais bela que já existiu.

A resposta era o combustível de sua vaidade. A rainha sorria satisfeita, vestia suas joias mais caras, aplicava os perfumes mais raros e descia até os salões, onde todos a admiravam. Mas, por dentro, ela era um poço de insegurança. O medo de perder o brilho a consumia mais do que qualquer espelho poderia mostrar.

Certo dia, o espelho deu uma resposta diferente:

— Majestade, há uma nova beleza no reino. Uma jovem cujo brilho não está no rosto, mas no coração. Sua presença transforma o ambiente. Sua simplicidade inspira. Sua verdade liberta.

A rainha empalideceu. Não compreendia. Como alguém sem coroa, sem vestidos luxuosos e sem aplausos poderia ser mais bela?

— Isso é impossível! — Gritou.

Mas o espelho, calmo, disse:

— A beleza que você tanto protege é frágil. É feita de maquiagem, de máscaras, de medos. A dela... é feita de luz.

Consumida por inveja, a rainha mandou vigiar a jovem. Esperava encontrar uma rival arrogante, vaidosa, alguém que usasse sua beleza como trono. Mas o que viu foi diferente: a jovem lavava os pés de uma senhora doente. Dividia seu pão com uma criança de rua. Abraçava quem ninguém via. Sorria com os olhos.

A rainha, confusa, voltou ao espelho e perguntou:

— O que ela tem que eu não tenho?

O espelho respondeu:

— Verdade. Ela não finge ser algo que não é. Ela não vive para os olhos dos outros. Enquanto você decora a superfície, ela cultiva a essência.

Naquela noite, a rainha chorou como nunca havia chorado. Pela primeira vez, viu o que sempre escondeu: a si mesma. Entendeu que sua imagem era perfeita, mas sua alma estava esquecida. Decidiu então abandonar as máscaras, descer do trono e aprender com a jovem.

Com o tempo, o reino viu algo raro: uma rainha que pediu perdão. Que tirou a coroa e entregou flores. Que trocou o ouro por tempo com os pobres. E que, um dia, ao se olhar no espelho, ouviu:

— Agora, sim. Você é bela. Porque não precisa mais parecer. Você decidiu ser.

Assim como o exemplo dessa parábola, a cada dia encontramos pessoas em nossos caminhos que estão vivendo um "Conto de Farsas", onde estão muito mais preocupadas em parecer do que em ser de verdade.

Se você deseja libertar verdadeiramente o potencial que existe em você, tire a sua máscara do mundo superficial. Se quiser viver o milagre de verdade, pare de querer viver de aparências. Pessoas que só têm olhos para as tendências do mundo, geralmente nunca tiveram a coragem de se olhar verdadeiramente no espelho, são pessoas facilmente influenciadas pela grande massa, sem se questionar se a direção que estão indo é o caminho que desejam trilhar.

Não é por acaso que, em muitos ambientes, as relações humanas aparentam estar perdendo mais o seu valor. A verdadeira essência da vida vai muito além do que os olhos podem ver. A realidade, com toda a sua complexidade e profundidade, é que estamos desenvolvendo pessoas preocupadas apenas com resultado pessoal e satisfação do seu ego. Elas se importam muito mais com o que aparentam ser externamente do que com o que são internamente.

Exibem suas belas roupas de marca, carros, relógios e tudo mais que puderem exibir. São cheias de bens, mas extremamente vazias por dentro. Não importa o local: em casa, na faculdade, entre amigos, no trabalho, no jogo de futebol — sempre encontrará pessoas com essas características em seu caminho.

Não estou escrevendo aqui para que você não cuide da sua aparência; é ótimo se sentir bem, confiante, com a autoestima positiva. Porém, o que fará você se conhecer, para curar as feridas do seu coração e se desenvolver em todos os pilares, é cuidar do seu interior.

As aparências não nos enganam, ela nos confunde, pois quem engana são as pessoas por detrás das aparências, mas em algum momento a mascará cai e a verdadeira face aparece. Essas pessoas dão sinais de quem realmente elas são, basta estarmos atentos e observando comportamentos ao invés de discursos. Pessoas que são um verdadeiro testemunho de transformação, de caráter, de honra, são pessoas em que os resultados positivos reverberam na transformação de outras pessoas.

Não viva de aparências. Há uma liberdade incrível em ser autêntico, em abraçar quem você realmente é, sem máscaras, sem disfarces. A verdadeira felicidade não se encontra na aprovação dos outros, mas na aceitação de si, em todas as suas qualidades e limitações. Quando você para de se preocupar com o que os outros pensam e começa a viver conforme os seus próprios valores, um mundo novo se abre.

As aparências podem ser enganosas. A grama do vizinho pode parecer mais verde, mas você não sabe as batalhas internas que ele pode estar enfrentando. Cada pessoa carrega suas próprias lutas, seus próprios medos e inseguranças. Quando nos comparamos aos outros com base em aparências, estamos comparando nossa realidade completa com uma versão superficial e editada da vida deles.

Ninguém vive de aparência muito tempo e, em algum momento, a face será revelada. Viver de aparências é muito perigoso, pois, além de alimentar uma falsa realidade na vida de quem pratica esse comportamento, ensina a pessoa diariamente a se acostumar com a mentira. E o pai da mentira é o diabo; todo mentiroso, em algum momento, cai na armadilha, pois se perde nas histórias que inventa e que não tinha necessidade de criar.

Esse hábito é tão danoso que a pessoa, quando acostumada a mentir, faz isso em todos os lugares, criando o hábito da mentira, desde as pequenas até as mais tenebrosas.

Além disso, faz com que as pessoas não tomem as decisões que precisam ser tomadas no tempo certo, por ficarem mais preocupadas com o que os outros vão falar do que com os fatos em si.

SÓ VIVE DE VERDADE QUEM NÃO É ESCRAVO DE VIVER DE APARÊNCIAS.

Vamos refletir sobre um caso que ilustra bem essa questão.

> *John era um executivo bem-sucedido, sempre impecavelmente vestido, com um discurso confiante e uma vida aparentemente perfeita. Nas redes sociais, ele compartilhava fotos de viagens luxuosas, jantares caros e momentos de suposta felicidade. Todos o admiravam e muitos queriam ter a vida que ele aparentava levar. No entanto, por trás daquela imagem de sucesso, John vivia uma realidade muito diferente.*

A pressão de manter as aparências o levou a tomar decisões financeiras arriscadas, acumulando dívidas para manter o estilo de vida que todos invejavam. Aos poucos, a verdade começou a transparecer. Colegas de trabalho começaram a perceber seu nervosismo constante, familiares notaram sua ausência emocional e, finalmente, as dívidas se tornaram insustentáveis. O colapso veio de forma inevitável: John perdeu o emprego, seu casamento desmoronou e ele teve que enfrentar a dura realidade que vinha mascarando há anos.

Esse exemplo nos mostra que viver de aparências não é sustentável a longo prazo. A verdade sempre encontra uma maneira de vir à tona, e quanto mais tempo passamos fingindo ser algo que não somos, mais difícil se torna lidar com as consequências.

A história de John é fictícia, mas existem muitas histórias reais iguais à dele e essas histórias podem servir de alerta para todos nós. Em algum momento da vida, todos enfrentamos a tentação de parecer algo que não somos, mas a verdadeira felicidade está em viver de acordo com quem realmente somos. Afinal, as conexões mais profundas e significativas são construídas com base na honestidade e não na ilusão.

Existe um ditado que diz:

"Pessoas ricas compram tempo; pessoas pobres compram coisas; pessoas ambiciosas compram habilidade e conhecimento; pessoas preguiçosas compram distrações."

Quem é você nesses exemplos?

Escolher a autenticidade pode ser desafiador, mas é a única maneira de construir uma vida genuína, plena e feliz.

Não viva de aparências.

Viva de verdade.

O PREÇO DA MENTIRA.

ANANIAS E SAFIRA

Na Bíblia (o livro das Sagradas Escrituras), tem uma passagem que nos lembra de forma direta e contundente que viver na mentira tem um preço alto demais, e que esse preço, muitas vezes, é a própria vida.

1 Havia, porém, um homem chamado Ananias que, com sua
esposa, Safira, vendeu uma propriedade. 2 Levou apenas parte
do dinheiro aos apóstolos, mas, com aprovação da esposa,
afirmou que aquele era o valor total e ficou com o resto.
3 Então, Pedro disse: "Ananias, por que você deixou Satanás
encher seu coração? Você mentiu para o Espírito Santo
quando guardou parte do dinheiro para si. 4 A propriedade
era sua para vender ou não, como quisesse. E, depois de
vendê-la, o dinheiro também era seu, para entregar ou não.
Como pôde fazer uma coisa dessas? Você não mentiu para
nós, mas para Deus!".
5 Assim que Ananias ouviu essas palavras, caiu no chão e mor-
reu. Um grande temor se apoderou de todos que souberam o
que havia acontecido. 6 Então, alguns jovens se levantaram,
envolveram o corpo num lençol e o levaram para fora, e
depois o sepultaram.
7 Cerca de três horas depois, sua esposa entrou, sem saber
o que havia acontecido. 8 Pedro lhe perguntou: "Foi esse o
valor que você e seu marido receberam pelo terreno?".
Ela respondeu: "Sim, foi esse o valor".
9 Então, Pedro disse: "Como vocês puderam conspirar para
pôr à prova o Espírito do Senhor? Veja, os jovens que sepul-
taram seu marido estão logo ali, perto da porta, e também
levarão você".
10 No mesmo instante, ela caiu no chão e morreu. Quando os
jovens entraram e viram que ela estava morta, levaram seu
corpo para fora e a sepultaram ao lado do marido.

Essa história é um alerta eterno: Deus não exige perfeição, mas exige verdade. O erro de Ananias e Safira não foi apenas reter parte do valor, foi a tentativa deliberada de enganar, de aparentar algo que não eram, de buscar aprovação por meio de uma farsa. O engano pode até sustentar uma fachada por algum tempo, mas cedo ou tarde a verdade sempre aparece.

E essa lição não é apenas espiritual — é também prática. A história se repete no mundo dos negócios, da política, do esporte, das relações humanas. Basta lembrar do caso de Bernie Madoff, empresário e investidor americano que construiu uma das maiores fraudes financeiras da história. Durante décadas, ele enganou clientes, investidores e até órgãos reguladores, mantendo uma imagem de gênio das finanças e filantropo respeitado. Mas, nos bastidores, seu império era sustentado por um esquema de pirâmide gigantesco. Quando a verdade veio à tona, bilhões de dólares haviam desaparecido, milhares de pessoas estavam arruinadas e sua reputação — construída com tanta mentira — desmoronou em questão de dias. Madoff terminou seus dias na prisão, desacreditado, solitário e sem nada do que realmente importava.

O princípio é o mesmo: viver na mentira pode até trazer ganhos temporários, mas cobra um preço devastador no longo prazo. E esse preço não se limita ao dinheiro perdido, ele destrói a paz, o respeito, as relações e a própria alma.

Para viver o milagre de verdade, é preciso parar de fingir que tudo está bem. É necessário coragem para olhar para dentro e admitir as áreas onde você precisa de mudança. Ser sincero consigo mesmo, com Deus e com as pessoas em quem você pode confiar é o primeiro passo para reconstruir uma vida sólida.

Cerque-se de quem acende a chama no seu coração, de quem fala a verdade mesmo quando dói, de quem vive com integridade. Quando a dúvida surgir, procure conselhos de pessoas sábias e sensatas, não daqueles que vivem apenas na superfície. Porque a mentira é como um castelo de areia: bela por fora, mas fadada a ruir na primeira onda.

E lembre-se: não importa se é no campo espiritual, no mundo dos negócios ou na vida pessoal, o caminho da verdade pode ser mais difícil no início, mas é o único que constrói um legado que resiste ao tempo.

É assim que você quebra as correntes que estão te amarrando, para libertar todo o seu potencial.

6

TURNAROUND

Em uma terra árida, onde o sol castigava sem piedade, *havia um pequeno vilarejo que dependia de um único poço para sobreviver. Durante anos, esse poço forneceu água abundante, mas, com o tempo, sua fonte começou a secar. Os moradores tentaram de tudo: cavaram mais fundo, consultaram especialistas de outras regiões, fizeram preces fervorosas; mas nada parecia funcionar.*

Quando a última gota foi retirada, a esperança evaporou. Muitos abandonaram suas casas, convencidos de que não havia mais saída. Apenas um senhor permaneceu, teimoso e determinado.

"A água ainda está lá. Só precisamos procurar no lugar certo.", dizia ele.

Os poucos que ficaram zombavam dele, dizendo ser tempo perdido. Mas o senhor não se deixou abalar. Ele acreditava que, se desistisse agora, todo o trabalho árduo de gerações se perderia.

Com suas mãos calejadas, começou a cavar em um novo local, um pouco distante do poço original, guiado apenas por sua intuição e experiência. Dia após dia, sob o sol escaldante, ele persistiu.

Quando a pá encontrou apenas pedras e areia, ele duvidou. Quando as dores no corpo chegaram, quase cedeu. Mas algo dentro dele sussurrava: "Só mais um pouco."

E então, no momento em que quase decidiu parar, a lâmina da pá encontrou terra úmida. Ele cavou com mais vigor, e um filete de água começou a brotar. Logo, um jorro cristalino irrompeu, mais forte do que qualquer um poderia imaginar.

O vilarejo renasceu. As famílias voltaram, os campos foram regados novamente e a vida floresceu. Todos aprenderam que o resultado nunca está perdido, desde que exista alguém disposto a acreditar e continuar, mesmo quando tudo parece acabado.

Se você acha que seu poço secou, talvez seja só uma questão de cavar um pouco mais.

O conceito que vou apresentar neste capítulo é muito importante e vai definir se você está pronto para subir de nível. ***Turnaround***.

A vida é uma jornada repleta de altos e baixos, e, muitas vezes, nos deparamos com situações que parecem impossíveis de superar. O conceito de *turnaround* nos ensina que, mesmo nos momentos mais desafiadores, podemos encontrar oportunidades de crescimento e transformação. Essa ideia não se limita a um único aspecto da vida; ela se aplica a diversas áreas, como carreira, relacionamentos e saúde. Quando enfrentamos dificuldades, a capacidade de mudar de direção e nos adaptar é fundamental para nossa evolução.

Um exemplo poderoso de *turnaround* no mundo é o de Michael Jordan, uma lenda do esporte, considerado por muitos o maior jogador de basquete de todos os tempos.

Nos anos 90, Jordan já era uma lenda, conquistando títulos da NBA com o Chicago Bulls e dominando as quadras com seu talento incomparável. No entanto, em 1993, no auge de sua carreira, ele enfrentou uma tragédia pessoal devastadora: o assassinato de seu pai, que sempre foi seu maior incentivador. Abalado emocionalmente, Jordan decidiu se aposentar do basquete inesperadamente e tentar uma nova carreira no beisebol, esporte que seu pai amava.

Sua experiência no beisebol, porém, não foi como esperado. Apesar de seu esforço, Jordan nunca chegou à liga principal e enfrentou críticas da mídia e dos fãs. Muitos acreditaram que seu legado estava comprometido e que ele nunca mais seria o mesmo.

Mas Jordan não era do tipo que desistia. Em 1995, ele anunciou seu retorno à NBA com a icônica frase: *"I'm back"* (estou de volta). No entanto, sua volta não foi triunfal de imediato. O Chicago Bulls foi eliminado nos *playoffs*, e críticos começaram a duvidar se ele ainda tinha a mesma magia.

Determinado a provar que ainda era o melhor, Jordan se reinventou. Trabalhou incansavelmente para recuperar sua forma física e mental, mudando seu estilo de jogo e adaptando-se à nova geração da liga. No ano seguinte, liderou o Bulls a uma das maiores campanhas da história da NBA, conquistando três campeonatos consecutivos (1996, 1997 e 1998) e solidificando seu legado como o maior de todos os tempos.

A história de Michael Jordan é um testemunho de que mesmo os maiores campeões enfrentam quedas, mas o verdadeiro diferencial está na capacidade de se reerguer, adaptar-se e lutar por um novo capítulo de sucesso.

Agora, eu convido você a refletir sobre um momento em sua vida em que se sentiu preso, no fundo do poço.

Como você lidou com essa situação?

Quais foram as lições que você aprendeu?

No meu livro *Princípios Poderosos para Recomeçar* compartilho muitas histórias de pessoas que passaram pelo fundo do poço e, desse período de dificuldades, construíram a sua melhor versão. Em um dos capítulos, compartilho o meu início no empreendedorismo e as dificuldades que tive que superar em iniciar uma empresa sem dinheiro, apenas com uma visão de futuro atraente, movido pela fé e muita disposição de trabalhar.

Agora, neste livro, quero compartilhar com você o pior ano da minha vida.

O ANO DE 2022

Esse ano, tive mais de R$ 700.000,00 de prejuízos acumulados como consequência de ter deixado as empresas fechadas na pandemia de COVID-19 e fazer escolhas erradas durante esse período. Já estava sem as reservas financeiras das empresas e já havia lidado com a dor do luto que a pandemia trouxe durante esse período. No final do ano, quando já estava bastante desgastado emocionalmente, tanto pessoal quanto profissionalmente, e pensava que não haveria mais nada de grave a acontecer, recebi o diagnóstico de que minha mãe (que sempre foi e é a maior referência que tive na vida) sofria de um câncer agressivo em estágio avançado, que se espalhou pelo corpo.

Receber essa notícia foi assustador, eu fui a primeira pessoa que ela compartilhou e me recordo até hoje de sentir uma dor que parecia como uma faca rasgando o meu coração, enquanto ela falava comigo. Eu nunca vou esquecer esse dia, me mantive forte na frente dela, mas assim que saí da casa dela e entrei no meu carro, tive uma crise de choro muito forte, de uma forma que nunca havia acontecido até então. Eu não sei te explicar, mas era mais forte do que eu — *sentia no meu coração que estava entrando em uma guerra e que teria tempos difíceis pela frente.*

Todos os problemas que eu havia acumulado perderam o peso naquele mesmo instante, pois a partir daquele momento o único objetivo que eu tinha na vida era salvar a minha mãe, que faleceu três meses depois.

Você pode ter mil problemas na vida, até você ou alguém que você ama muito ter "um" problema de saúde, e então você só tem "um" problema. O resto? Dinheiro, boletos, estresse, empresas, trabalho, tudo se perde na sombra disso. Subitamente, as coisas com as quais você tanto se preocupava parecem tão pequenas porque nada mais importa.

Quando o seu corpo ou mente estão gritando por ajuda, a saúde não é algo que você só tem, é tudo o que tem. É a capacidade de acordar e se sentir vivo, de se mover livremente, de rir sem dor, de respirar sem dificuldades. Até que ela se vai e nós não entendemos completamente o quão precioso isso é. Quando a sua saúde está comprometida, cada pequena coisa se dificulta. Sonhos são postos em espera, felicidade parece distante, e as cores da vida começam a cair.

É POR ISSO QUE CUIDAR DE VOCÊ NÃO É UM LUXO. É UM ATO DE AMOR, UM PRESENTE PARA O SEU FUTURO EU.

Porque quando você está saudável, você pode encarar qualquer coisa, sem isso até a menor das batalhas parece impossível. Não espere perder para perceber o seu valor, valorize agora enquanto você ainda pode.

Nunca conheci a história de alguma pessoa que entrou em uma guerra e não saiu ferido na alma; *e dessa guerra nasceu a minha maior cicatriz, que rasga o meu coração até hoje.*

Eu estava quebrado, desmotivado com a vida, sem dinheiro, sem perspectiva de futuro e sem a minha mãe. De fato, viver isso foi tenebroso, assustador. Mas aprendi que, no momento de maior dor, aquele em que você não consegue suportar, você deve entregar seu coração para Deus e de alguma forma o sobrenatural acontece. Confiar, acreditar e entregar a minha vida a Deus, excluir hábitos sabotadores e iniciar atividades físicas, me curou do maior período de escuridão que tive na vida.

Decidi, a partir daquele momento, excluir tudo e todos que de alguma forma me faziam mal e sabotavam os meus sonhos e o meu propósito de vida, pois cada segundo dali por diante deveria ser aproveitado da melhor forma, e com as pessoas que realmente se importam comigo.

Aprendi que o sucesso é gratificante e sempre haverá inúmeras pessoas com você — todo mundo quer uma fatia do bolo —, mas, quando surgem as dificuldades e as turbulências, os ratos vão embora.

Esteja preparado para quando a vida lhe colocar no fundo do poço, pois a estrada vai ser solitária. Esse processo de reflexão é individual, e as pessoas podem até compadecer, mas nenhuma pessoa vai viver a sua dor.

A minha mãe não estará presente em meu processo de envelhecimento. Ela foi a pessoa que gerou a minha vida, mas ainda, sim, é apenas uma passageira na minha jornada. Ela segurou a minha mão e assistiu meu corpo a dar o primeiro suspiro, mas ela não estará lá para me segurar quando eu der o meu último suspiro.

Minha mãe é a minha vida e, ainda assim, é apenas um momento dentro dela. Por mais que eu a carrego diariamente no meu coração e não existe um dia sequer que eu não lembre dela, ainda assim, não tenho mais o abraço que tantas vezes me confortou, me encorajou e me inspirou.

Agora sigo em frente, como prometido, no leito de hospital, com memórias que só estão na minha mente. Não fotografei, não fiz vídeo, pois não gostaria de ter recordações desses momentos, mas sempre que algo bom acontece — e ela era uma das primeiras pessoas que eu ia compartilhar —, me vem a lembrança que se eu ligar no celular dela, vai ser outra pessoa que vai atender e que a nossa vida são ciclos temporários que moldam a nossa jornada. **E que, mesmo diante da dor, seguir em frente não é opção, é obrigação para honrar a vida daqueles que fizeram tudo por você.**

Logo após esse período, eu decidi que iria e precisava mudar, eu precisava me olhar no espelho, resgatar a minha essência e voltar para o jogo. Eu não recebi herança e não ganhei nenhum prêmio na loteria, mas em menos de um ano regularizamos o nosso caixa, quitamos esses prejuízos e a empresa voltou a prosperar de uma forma muito melhor do que era antes.

Na verdade, não sei explicar exatamente como aconteceu, mas mesmo vivendo toda essa tempestade e acumulando esses prejuízos históricos, sempre conseguimos honrar nossos compromissos. Agradeço às pessoas que tiveram comigo nesse momento; em especial à minha esposa, que foi uma mulher de fibra e, nesse período da minha queda, continuou com grande maestria como um grande pilar na família e na empresa; ao meu filho que mesmo destruído por dentro se manteve forte; à Vilma, uma grande amiga que esteve ao lado da minha mãe nos momentos difíceis; e a minha irmã e meu pai que viveram essa dor comigo.

NA MINHA CRENÇA E CORAÇÃO, FOI A FÉ EM JESUS E A GRAÇA DE DEUS QUE MUDOU O CENÁRIO E A REALIDADE QUE VIVEMOS DURANTE ESSE PERÍODO.

É impossível eu olhar para a minha vida e não enxergar Deus agindo em todos os momentos, por isso desde então quero ser um *propagador da boa mensagem*, pois sei que ela é real, transformadora e tira qualquer pessoa da escuridão e do vale da morte.

A virada de chave vai acontecer no seu pior momento de vida, aquele em que você tem que ser forte, sem ter nenhuma força para continuar. Aquele que você vai viver experiências sobrenaturais.

Desde então, eu e minha esposa decidimos que todos os negócios sempre serão para honrar a Deus, pois Ele nunca nos abandonou, mesmo passando por todos esses cenários.

Quando nos deparamos com crises na vida, muitas vezes é difícil enxergar além do caos, mas adotar uma nova perspectiva diante desses desafios é um passo essencial para ressignificar o poder das crises. Em minhas empresas, todos os gigantes que me fizeram murmurar por dois anos e me deram vontade de desistir ficaram pequenos quando parei de olhar com o sentimento e comecei a encará-los com uma visão analítica e racional. E sim, sua virada de jogo é possível e real, mesmo que você ainda não esteja enxergando a luz no fim do túnel. Eu também não estava.

A VIRADA É POSSÍVEL.

ANDRÉ HELLER

Na vida e nos negócios, enfrentamos momentos em que tudo parece contra nós. Mas é nesses momentos que a verdadeira força surge. O conceito de *turnaround* (a reviravolta diante das dificuldades) exige resiliência, estratégia e ação.

No esporte, um atleta de alto nível desenvolve esse conceito na prática. Um exemplo inspirador é André Heller, ex-jogador da Seleção Brasileira de Vôlei, que me deu a honra em escrever o prefácio deste livro, além disso, já compartilhou seus conhecimentos em uma palestra transformadora com a equipe da Newcastle onde todos nós ficamos bastante impactados com a sua mentalidade.

Em um determinado momento, foi cortado da seleção, seu sonho de ser campeão olímpico e mundial representando o nosso país parecia perdido. Muitas pessoas, por muito menos, já desistiriam, mas ele usou esse momento de frustração como combustível. Treinou ainda mais, manteve a mentalidade positiva e, em 2004, voltou a representar o Brasil, conquistando o ouro nas Olimpíadas de Atenas. Dois anos depois, brilhou no Mundial no Japão, novamente campeão.

André Heller fez parte da seleção de vôlei, a mais vitoriosa da história do esporte, liderada pelo técnico Bernardinho.

Sua história nos mostra que, mesmo quando tudo parece perdido, há tempo para dar a volta por cima. No esporte, nos negócios e na vida, o *turnaround* nasce da decisão de não aceitar a derrota, ou um momento adverso, como destino.

Liberte-se das correntes do medo e da dúvida.

Acredite no seu potencial e faça da sua vida um exemplo de superação.

Sua virada está esperando!

Só depende de você dar o próximo passo.

7

TRANSFORME OS SABOTADORES (KINTSUGI)

Em um vilarejo distante, vivia uma mulher chamada Aiko, *conhecida por sua paciência e sabedoria. Ela possuía uma bela coleção de vasos de porcelana, herdados de sua família, cada um contando uma história especial. Aiko cuidava deles com zelo, mas, com o tempo, percebeu que alguns estavam começando a rachar.*

Certo dia, durante uma visita, um amigo notou as rachaduras e disse:

— Esses vasos estão velhos, Aiko. Jogue-os fora e compre novos, mais bonitos e sem defeitos.

Outro amigo, olhando com desdém, comentou:

— Essas marcas só mostram que você não sabe cuidar bem das suas coisas.

As palavras entraram em sua mente como pequenas gotas de veneno. Aiko começou a duvidar de si mesma. Será que ela realmente não sabia cuidar das coisas? Será que precisava de algo novo para impressionar os outros?

Determinada a buscar uma resposta, Aiko procurou um velho artesão da vila, famoso por uma técnica ancestral chamada ***Kintsugi****, a arte japonesa de reparar cerâmica com ouro. O artesão olhou os vasos com um sorriso tranquilo e disse:*

— Cada rachadura conta uma história. Você pode escondê-las e viver com medo de que alguém as veja, ou pode preenchê-las com algo valioso e dar-lhes um novo significado.

Inspirada, Aiko decidiu reparar os vasos com ouro. Em vez de esconder as cicatrizes, elas agora brilhavam como marcas de superação e beleza. Quando seus amigos os viram novamente, ficaram maravilhados com a nova aparência. Aiko então disse:

— Antes, eu via as rachaduras como falhas, mas agora entendo serem parte da minha história. Escolhi preenchê-las com algo precioso em vez de deixá-las me enfraquecer.

A partir desse dia, Aiko aprendeu a bloquear os sabotadores, sejam as críticas externas ou suas próprias inseguranças. Sempre que duvidava de si mesma, lembrava-se de que poderia transformar suas cicatrizes em ouro, aprendendo com os desafios e se fortalecendo.

A **filosofia *Kintsugi*** nos ensina a valiosa lição sobre a beleza que reside nas imperfeições. É a arte de reparar cerâmicas quebradas com uma mistura de resina e pó de ouro, transformando o que antes era visto como defeito em algo único e precioso. Cada cicatriz, cada falha, é valorizada, criando uma peça que conta uma história de resiliência e transformação. O *Kintsugi* nos lembra que não precisamos ser perfeitos para sermos valiosos. Nossas experiências, mesmo as mais desafiadoras, forjam o nosso caráter e as cicatrizes que carregamos em nossos corações são as marcas de um guerreiro que passou por desafios e mesmo assim seguiu em frente.

No livro *Princípios Poderosos para Recomeçar*, compartilho uma história em que ministrei uma palestra para um grupo universitário, cujo tema era "propósito", e, em um momento de reflexão, os participantes compartilharam que muitos deles desistiram dos seus objetivos por críticas que receberam de pessoas próximas.

Todas as críticas que recebemos, todas as adversidades que enfrentamos, na maioria das vezes, vão exercer duas funções: **destruir ou impulsionar**.

A forma como reagimos a essas questões determina o nosso destino. Neste livro, estou apresentando todos os conceitos que pessoas de alta *performance* aplicam em suas vidas e construíram grandes resultados. A filosofia *Kintsugi* está presente em todos os exemplos. Ressignificar as adversidades, não ser refém de uma situação negativa, é determinante para construir uma trajetória vitoriosa.

Todos temos os sabotadores internos e externos que querem dominar nossas ações, e na primeira fragilidade que demonstramos, eles querem tomar conta de nós. As crenças limitantes matam o potencial de qualquer pessoa, muitos diamantes se enxergam como carvão por causa delas.

Os sabotadores internos são essas vozes que martelam em nossa mente, frequentemente repletas de críticas e medos que ferem. Imagine um atleta prestes a competir, mas que, em vez de focar no objetivo, se perde em pensamentos como: "e se eu falhar?" ou "não sou bom o suficiente". Esses pensamentos sabotadores não apenas minam a confiança, mas também bloqueiam o potencial de sucesso.

Todos temos as barreiras que precisamos superar e a grande questão é que cada vitória que conquistamos nos dá combustível e confiança para seguir em frente. Se hoje você conhece uma pessoa que transmite segurança e coragem, pode ter certeza de que ela enfrentou grandes batalhas que talvez você não conheça e que deixaram essa pessoa mais forte.

Uma frase mentirosa que muitos escutam por aí é: *"Vai dar tudo certo"*. Isso porque não é verdade, não vai dar tudo certo. Se você tem um propósito, algo errado sempre vai acontecer ou não sairá como o planejado.

PAPEL ACEITA TUDO E ESSA FRASE É UM OTIMISMO BARATO.

O otimismo barato custa muito caro; a frase certa a se falar e acreditar é:

* **Eu vou fazer tudo o que for necessário até dar certo.**
* **Eu vou aprender o que tiver que aprender até dar certo.**
* **Eu vou me levantar todas às vezes que eu cair, até dar certo.**
* **Eu vou ressignificar cada derrota em aprendizado para a vida.**

A vida está repleta de exemplos de pessoas que, ao aceitarem suas imperfeições, conseguiram transformá-las em forças.

NÃO
PRECISAMOS
SER PERFEITOS
PARA SERMOS
VALIOSOS.

EXEMPLOS DE KINTSUGI.

GISELE BÜNDCHEN
& KEANU REEVES

GISELE BÜNDCHEN

Gisele Bündchen, uma das supermodelos mais reconhecidas e admiradas no mundo inteiro, enfrentou diversos desafios pessoais e profissionais ao longo de sua carreira. Durante seus primeiros anos na indústria da moda, ela não apenas encarou críticas duras, mas também enfrentou profundas inseguranças e dificuldades emocionais, especialmente relacionadas à pressão constante pela imagem perfeita que o mundo esperava dela.

Em entrevistas e em seu livro *Minha História*, Gisele revelou que passou por crises severas de ansiedade, momentos em que se sentia completamente sobrecarregada, perdida e sem controle. Mas, em vez de se render a essa pressão esmagadora, ela tomou uma decisão transformadora: fez da sua "rachadura" interna uma fonte de crescimento e mudança profunda.

Foi assim que ela começou a praticar meditação, ioga e buscou um equilíbrio emocional e espiritual que até então parecia distante. Hoje, Gisele é mais do que uma modelo — é uma voz poderosa na defesa do autocuidado, da sustentabilidade e de um estilo de vida saudável, usando sua trajetória para inspirar mulheres a não se deixarem aprisionar pelas expectativas externas e a se valorizarem como são.

Olhar para o seu reflexo no espelho, enxergar suas cicatrizes, aceitar suas imperfeições e se orgulhar de todas as batalhas que enfrentou até aqui. Esse é o segredo para liberar o potencial imenso que existe dentro de você.

As pessoas que verdadeiramente vencem na vida não são aquelas que nunca enfrentaram dificuldades, mas as que transformaram suas dores e desafios em força e sabedoria. Gisele Bündchen é a prova viva disso: uma mulher que, ao abraçar sua vulnerabilidade, se tornou mais forte e inspiradora.

Nunca limite seu potencial por medo, dúvida ou insegurança.

Sua maior força está na coragem de ser você mesmo, com todas as suas imperfeições e conquistas.

Liberte-se das amarras que te impedem de voar e descubra a grandiosidade que existe dentro de você.

KEANU REEVES

Outro exemplo de *Kintsugi* é Keanu Reeves é um daqueles caras que a vida testou de todas as formas possíveis, mas ele nunca deixou que a dor o definisse. Pelo contrário, ele usou cada perda, cada queda, como um jeito de se reconstruir — exatamente como a filosofia japonesa do *Kintsugi*, que transforma rachaduras em algo ainda mais bonito e valioso.

A história dele não é só sobre sucesso em Hollywood, mas sobre resistência e resiliência. Desde pequeno, Keanu enfrentou dificuldades: seu pai abandonou a família quando ele ainda era criança, ele teve problemas na escola devido à dislexia e viveu uma juventude cheia de mudanças e incertezas.

Quando a vida começou a sorrir para ele, com sua ascensão no cinema, veio uma das primeiras grandes dores: a morte de River Phoenix, seu melhor amigo, que sofreu uma overdose em 1993. Depois, em 1999, sua namorada Jennifer Syme engravidou, mas a filha deles nasceu morta. O relacionamento nunca mais foi o mesmo e, pouco tempo depois, Jennifer faleceu em um acidente de carro.

E não parou por aí. Keanu passou anos cuidando da irmã, que lutava contra um câncer, e, mesmo no auge da fama, colocou sua carreira em segundo plano para estar ao lado dela.

Mas o que mais impressiona na trajetória dele não são as dificuldades que enfrentou, e sim como ele escolheu seguir em frente.

Ao invés de se tornar amargo, Keanu abraçou a simplicidade. Ele nunca foi movido por dinheiro ou *status* — doa milhões para pesquisas contra o câncer, anda de metrô, trata todos com gentileza, e prefere viver longe dos holofotes sempre que pode. Ele escolheu ver a beleza na imperfeição, no recomeço, exatamente como o *Kintsugi* ensina.

Keanu nos lembra que a vida vai nos quebrar em algum momento, mas isso não significa que estamos acabados. Pelo contrário: são essas cicatrizes que contam nossa história e nos tornam ainda mais fortes.

LIBERTE
O SEU
POTENCIAL!

8

O PODER DE TOMAR DECISÕES

Certo dia, um jovem chamado Luca chegou a um vilarejo distante, conhecido por seus mestres que ajudavam pessoas que se sentiam perdidas a encontrar o caminho de suas vidas.

Luca estava enfrentando uma grande crise: ele havia recebido três propostas de trabalho, todas boas de diferentes maneiras, mas ele não sabia qual escolher. Cada porta representava uma direção: uma mais segura, outra cheia de desafios e a última, uma completamente desconhecida.

Ele foi até o mestre da aldeia, um homem muito respeitado, e pediu orientação:

— Mestre, estou diante de três portas. Cada uma tem suas vantagens e desvantagens, mas eu não sei qual escolher. Como posso decidir?

O mestre, com um olhar tranquilo, sorriu e disse:

— Venha comigo. Vou lhe mostrar algo.

O mestre o conduziu até o topo de uma colina. De lá, eles viam as três portas ao longe. O mestre então apontou para a primeira porta:

— Essa porta representa o caminho seguro. Muitas pessoas escolhem essa porta porque ela oferece conforto, estabilidade e previsibilidade. Não há grandes surpresas, mas tampouco grandes recompensas. Esse caminho é como um rio calmo; fácil de navegar, mas sem muitas aventuras.

Luca observou a porta e, em seguida, o mestre indicou a segunda:

— Essa porta, por outro lado, representa o caminho dos desafios. Muitas vezes, ele é mais difícil e incerto, mas é também onde você cresce. Esse é o caminho das oportunidades, onde os riscos são altos, mas também são as portas para o verdadeiro aprendizado e realização. Ele é como uma montanha, exige esforço, mas a vista do topo é grandiosa.

Por fim, o mestre apontou para a terceira porta:

— E esta porta representa o desconhecido. Muitas pessoas evitam este caminho porque ele é imprevisível, e ninguém pode garantir o que se encontrará ao atravessá-lo. Porém, é também o caminho dos grandes descobrimentos, onde você pode se surpreender com o que há além das suas expectativas. Esse caminho é como o oceano aberto; vasto, misterioso e cheio de possibilidades.

Luca olhou para as três portas e, por um momento, se sentiu paralisado. Não sabia qual caminho tomar. O mestre sorriu novamente e disse:

— A verdade é não haver caminho certo ou errado. O poder da decisão não está em escolher qual porta tem mais certezas, mas em saber que, independentemente da escolha, você será capaz de criar seu próprio caminho. O que importa não é o que você encontra na porta, mas como você enfrenta o que vem a seguir. Cada caminho, seja seguro, desafiador ou desconhecido, será a fundação para a pessoa que você se tornará.

Luca ficou em silêncio, refletindo sobre aquelas palavras. Ele entendeu que o segredo estava em agir com coragem. Ele não precisava de garantias ou certezas, mas apenas da confiança de que suas decisões, sejam elas seguras, arriscadas ou misteriosas, seriam a chave para seu crescimento.

Com um sorriso, ele se virou para o mestre e, com firmeza, escolheu uma das portas. O mestre olhou para ele e disse:

— Você já tomou a decisão mais importante: a de criar seu próprio destino.

A vida é feita de decisões. Todos os dias, temos a oportunidade de fazer escolhas que podem moldar o nosso destino. A maioria do tempo, essas decisões não são fáceis, mas, quando feitas com coragem e clareza, podem ser os maiores impulsionadores para nossa transformação pessoal e profissional. O poder da decisão é, sem dúvida, um dos maiores trunfos de qualquer pessoa que busca alcançar grandes feitos.

O poder de tomar decisões e permanecer firme nelas é um ato de poder que transforma a vida de qualquer pessoa. Escolha, por exemplo, ler um livro por mês sobre um tema que você queira desenvolver e veja o resultado depois de um ano, com doze livros concluídos. Ou crie o hábito de diariamente tirar um tempo com Deus e veja a transformação em sua vida espiritual. Crie o hábito de ter uma rotina de alimentação saudável e exercícios, ou comece a estudar um novo idioma e veja o resultado em um ano. Poderia continuar escrevendo vários exemplos aqui, mas a mensagem é clara: o poder de tomar decisões, quando feito de forma convicta e consciente, é determinante para a transformação da sua vida.

QUEM PENSA MUITO, FAZ POUCO. É HORA DE AGIR E SEGUIR EM FRENTE COM OS SEUS OBJETIVOS.

Serena Williams é um exemplo claro de como a decisão de persistir pode transformar uma adversidade em força. Em sua carreira, Serena enfrentou diversos obstáculos, desde lesões graves até uma série de desafios pessoais e profissionais. Em 2017, após dar à luz, ela enfrentou sérias complicações de saúde, incluindo um tromboembolismo pulmonar, que poderia ter terminado sua carreira. Mas Serena tomou uma decisão clara: não desistir. Ela não apenas retornou ao circuito profissional, mas se tornou campeã do Australian Open em 2017, provando que a força de vontade é mais poderosa do que qualquer obstáculo. Ela escolheu voltar ao jogo, superar os limites e, com isso, se consolidou como uma das maiores tenistas de todos os tempos, uma verdadeira inspiração sobre o poder de decisões que se alinham com um propósito inabalável.

Todos os atletas e empreendedores são tomadores de decisões — pelo menos deveriam ser — e usam a seguinte estratégia: **visualizar o futuro é uma ferramenta poderosa que pode guiar nossas decisões**. Ao nos imaginarmos vivendo a vida que almejamos, começamos a alinhar nossas ações com nossos objetivos.

Pergunte-se:

Como será minha vida se eu tomar esta decisão?

O que quero alcançar?

Ao criar uma imagem clara do futuro que desejamos, ficamos mais motivados a agir no presente.

O impacto das decisões no futuro é inegável, portanto, abrace o poder de decidir e siga em frente com confiança, sabendo que cada escolha é uma oportunidade de crescimento e realização.

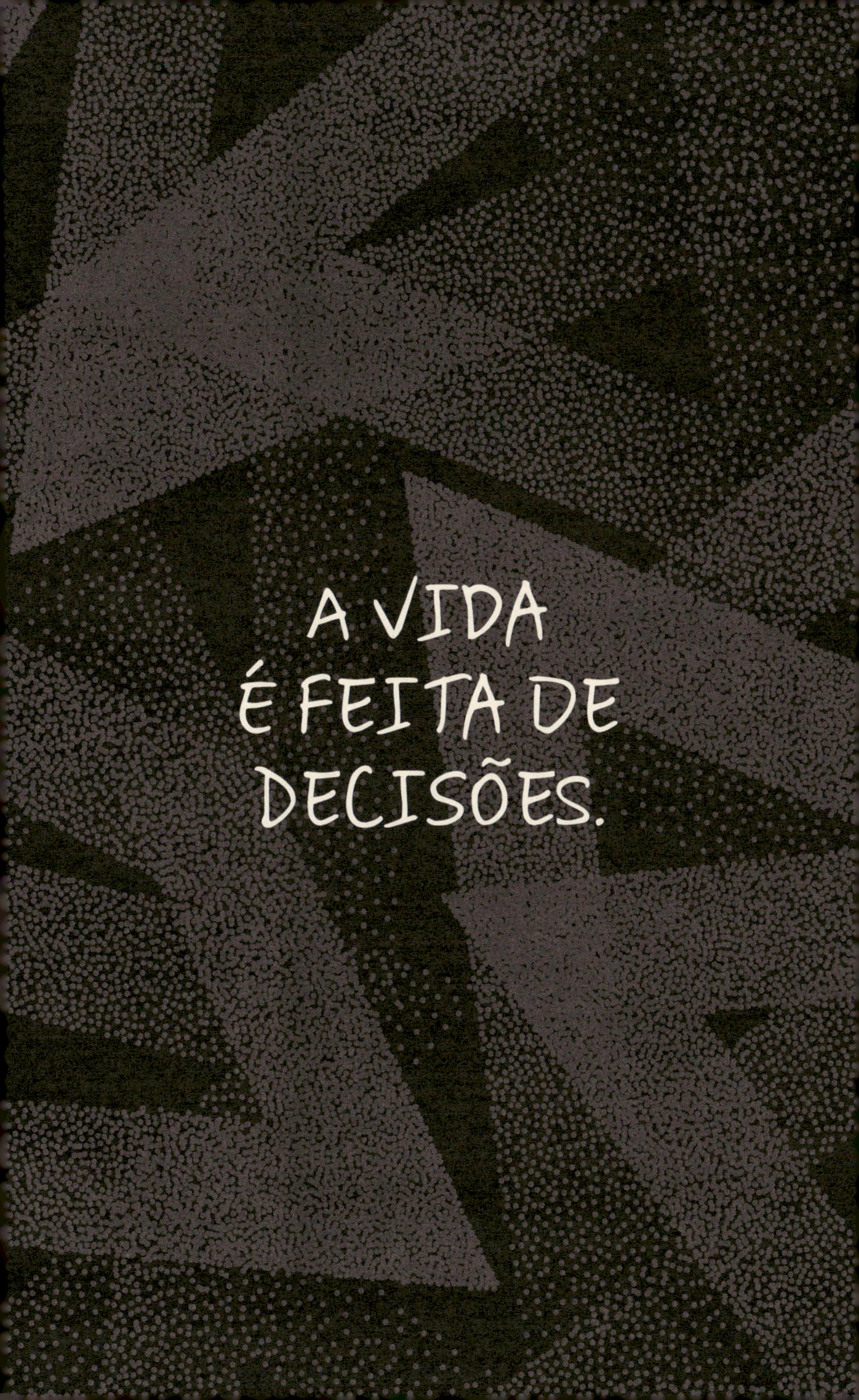
A VIDA
É FEITA DE
DECISÕES.

A TRANS-FORMAÇÃO DA APPLE.

STEVE JOBS

Nos anos 90, a Apple estava à beira da falência, perdida em uma linha de produtos confusa e sem direção clara. A empresa parecia à deriva, sem foco, enquanto a concorrência ganhava terreno rapidamente. Em 1997, Steve Jobs retornou à Apple e tomou decisões cruciais que não só salvaram a empresa, mas mudaram para sempre o rumo da tecnologia mundial.

Uma das primeiras atitudes de Jobs foi cortar drasticamente a linha de produtos, eliminando tudo o que era desnecessário e dispersava energia. Ele concentrou os esforços da equipe apenas nos produtos mais promissores e inovadores, simplificando a estratégia da Apple para focar no essencial.

Além disso, Jobs tomou uma decisão surpreendente e pragmática: fechou uma parceria com a Microsoft, sua maior rival, que investiu 150 milhões de dólares para manter a Apple viva. Essa atitude mostra a mentalidade vencedora dele — não se trata apenas de orgulho ou rivalidade, mas da visão maior de sobrevivência e sucesso.

O lançamento do *iMac* foi um marco. Com design inovador e foco na experiência do usuário, o *iMac* revitalizou a marca, atraindo clientes e colocando a Apple novamente no caminho do lucro.

Depois vieram o *iPod*, o *iPhone* e o *iPad* — produtos que transformaram completamente as indústrias da música, telefonia e computação pessoal.

Jobs resumiu sua filosofia em uma frase impactante: "Às vezes a vida te bate com um tijolo na cabeça. Não perca a fé."

Essa mentalidade resiliente, de nunca desistir mesmo diante das maiores dificuldades, foi o que permitiu a ele transformar a Apple em uma gigante global, inspirando milhões ao redor do mundo. Nunca limite seu potencial. A verdadeira força está em transformar desafios em oportunidades.

9

PROCRASTINAÇÃO

U**m jovem inglês chamado Brian sonhava em chegar ao** *topo mais alto de uma montanha lendária. Diziam que quem chegava lá teria uma vista tão grandiosa que lhe dariam superpoderes.*

Desde pequeno, o jovem inglês dizia a si:

"Um dia, eu subirei essa montanha."

Mas sempre havia um motivo para adiar:

"Ainda não estou preparado."

"Preciso de botas melhores."

"Hoje não é um bom dia para começar."

Ele via outras pessoas começando suas jornadas, passo a passo, enquanto ele apenas planejava, sonhava e esperava.

O tempo passou e um dia, o "jovem" Brian percebeu que já não era tão jovem. Ele olhou para a montanha e decidiu finalmente partir. Mas agora, suas pernas estavam mais fracas, sua energia já não era a mesma, e a subida parecia ainda mais difícil.

No meio do caminho, encontrou um antigo alpinista sentado em uma pedra. O alpinista olhou para ele e sorriu:

— Você demorou para começar, me recordo que anos atrás você disse que escalaria a montanha comigo, mas você nunca apareceu.

— Esperei o momento certo — respondeu Brian.

O alpinista então apontou para o topo da montanha e disse:

— O topo sempre esteve lá, esperando por você. Nunca existiu um momento certo, o segredo era começar quando você ainda tinha forças para ir mais longe.

Brian entendeu, tarde demais, que a jornada não era sobre ter o melhor equipamento ou esperar o dia perfeito. Era sobre dar o primeiro passo e continuar andando, um dia de cada vez.

A montanha da sua vida ainda está lá, esperando. A única pergunta que resta é:

Você vai começar agora ou continuará esperando até que seja tarde demais?

No capítulo anterior, apresentamos o poder de tomar decisões, neste vamos conversar sobre o maior vilão que existe em todas as decisões tomadas: **a procrastinação**.

Quantas vezes você já se pegou dizendo: "amanhã eu começo", "depois eu faço", "quando eu tiver tempo, eu resolvo isso"? A verdade é que esse "amanhã" nunca chega. Você já parou para pensar quantas oportunidades deixou passar simplesmente porque ficou esperando o momento perfeito?

Este livro mostrou diversos exemplos com histórias reais no qual o momento perfeito não existe, ele é criado pelas pessoas realizadoras, através da sua coragem e predestinação em começar e continuar a jornada mesmo diante das adversidades. O milagre sempre acontece para quem tem disposição de correr aquele um quilômetro a mais.

A procrastinação não é só um atraso de vida, é um ladrão de sonhos. Ela engana, faz você achar que ainda tem tempo de sobra, que um dia a motivação vai bater à sua porta. Mas adivinha?

A MOTIVAÇÃO NÃO VEM DO NADA. ELA NASCE DO PODER DE DECISÃO.

Conor McGregor, lutador de MMA e campeão no UFC, disse uma vez: "Defina um horário para treinar e treine nesse horário; programe um horário para dormir e durma nesse horário; programe um horário para acordar e acorde nesse horário. Não diga a si que precisa fazer alguma coisa que você não vai fazer.

Na minha cabeça, eu dizia: 'acorde tal hora, e eu não acordava, treine nesse horário e eu não treinava; não coma isso, e eu comia, não beba isso e eu bebia.' E todas essas coisas iam enfraquecendo a minha mente, como se fossem pequenas derrotas, em vez de vitórias.

Então, eu descobri que o meu maior sabotador era a minha procrastinação nos detalhes, e quando eu consegui vencê-la, eu ganhei de todos os adversários."

Agora, pare e pense: **qual é a sua montanha?**

Pode ser aquele projeto que você sempre quis começar. A academia que você promete ir toda segunda-feira. O livro que você sonha em escrever. A mudança de vida que você sabe que precisa, mas continua adiando. Todos temos a nossa montanha que precisamos escalar.

A procrastinação inicialmente não é preguiça, é medo disfarçado. Medo de falhar, medo de não ser bom o suficiente, medo de dar trabalho. Mas sabe o que é pior do que falhar? Nunca dar o primeiro passo. A pessoa que cria o hábito de não ir à luta, de não se colocar em uma posição que vai exigir esforço e dedicação, vai entrar na zona da falta de desenvolvimento pessoal e profissional. E essa falta de desenvolvimento vai reverberar em todos os pilares da vida.

Se você continuar esperando o momento perfeito, um dia vai olhar para trás e perceber que sua energia, seu tempo e suas oportunidades foram desperdiçadas esperando um "amanhã" que nunca chegou.

Roberto Justus um grande empresário e publicitário brasileiro, disse em um podcast: "Prefiro segurar um louco do que carregar um bobo."

Eu prefiro aquele cara que está sempre querendo fazer mais coisas, que está sempre interessado. Esse mundo é muito complexo para você ter do seu lado gente acomodada.

Eu gosto do perfil da pessoa realizadora, que faz acontecer. Você quer nadar com tubarões? Seja um deles, se for peixinho, você vai ser comido.

Muitas vezes, estamos tão cansados das pressões e cobranças da vida que, por vezes, ficamos paralisados procrastinando nossas ações, devido à exaustão de viver uma rotina agitada. Outras vezes, a procrastinação acontece pela falta de atitude em dar o primeiro passo.

Tom Brady, o multi campeão da NFL, disse uma vez:

"Dane-se, se você está desmotivado, dane-se, se seu corpo está cansado. Faça de qualquer maneira. É melhor você lutar contra você. Você não está só ganhando quando as coisas estão indo do seu jeito. Você tem que descobrir como ganhar quando as coisas não estão indo do seu jeito. Você tem que descobrir quando o seu corpo está contra você, quando sua mente está contra você.

Como você ainda sabe?

Só diga: 'Dane-se, eu vou ganhar da minha mente hoje.' Ou você apenas desiste e diz: 'Estou cansado hoje e sou preguiçoso.'

Eu não quero fazer, isto é muito difícil. Ninguém mais está fazendo isso; é um fim de semana, é muito tarde, essas horas de folga. Exatamente o que quero não está acontecendo agora. E está tudo bem. Ótimo.

Sabe para quem é ótimo, para todos os que não torcem para você. E sabe para quem é péssimo?

Para todos os que você ama.

Eu não aceito desistência, você entendeu?"

A maioria das escolhas que você fez na sua vida, você desistiu. A partir de agora, você não vai desistir.

Enquanto você não enfrentar seus medos, você não vai conseguir sair da onde está.

Você precisa enfrentar as suas dificuldades com disposição, pare de protelar suas ações, pare de deixar para amanhã o que você tem que começar agora.

Pense em todas as frustrações que você teve na sua vida, tudo o que você deixou de viver por falta de atitude de agir no hoje e agora.

Você não quer guardar mais uma frustração.

Tenho certeza disso.

Você quer dar orgulho para a sua família, não é?

É esse o momento.

Mostra para eles a pessoa forte que você se tornou.

Não espere ninguém te motivar, quando você tem objetivos a cumprir, você já tem tudo o que é preciso.

Mantenha ao seu lado apenas quem torce por você — todo mundo quer ser o leão, até precisar entrar na selva e fazer o que o leão faz.

Não diminua os seus sonhos, pense grande, mas busque as pequenas vitórias, mire no próximo passo e celebre cada conquista, pois dessa forma você adquire a mentalidade e os aprendizados para subir de nível. A vida é como uma carreira corporativa: os melhores líderes e proprietários de empresas são aqueles que passaram por todas as etapas da construção do projeto. Eles conhecem a essência de cada detalhe e isso os torna únicos e de grande valor, pois, para alcançar esse nível, é preciso ter muita vivência na prática.

Quem carrega o próprio balde sabe do valor de cada gota. Quebre o retrovisor da vida e só olhe para frente.

Se tem alguém que pode ensinar sobre superação, trabalho duro e vencer a procrastinação, esse alguém é Tom Brady.

Ele não era o mais rápido.

Não era o mais forte.

Não era o mais talentoso.

Mas ele fez algo que poucos fazem: ele se comprometeu a ser o melhor, todos os dias.

DE ESCOLHA TARDIA À LENDA IMORTAL.

TOM BRADY

Em 2000, Tom Brady foi selecionado apenas na 199ª posição do Draft da NFL, quase o último entre 200 jogadores. Para muitos, isso indicava que ele não teria um futuro brilhante na liga. Mas para Brady, esse número virou combustível para sua determinação.

Ele sabia que talento natural não bastava. Com uma mentalidade inabalável, trabalhou incansavelmente, estudando jogadas, aprimorando sua forma física e mental, e enfrentando críticas e dúvidas sem jamais perder o foco.

Sua ética de trabalho e mentalidade vencedora o levaram a conquistar sete títulos de Super Bowl — seis com o New England Patriots e um com o Tampa Bay Buccaneers — além de diversos prêmios MVP (sigla em inglês para *Most Valuable Player*, que significa "Jogador Mais Valioso") e recordes históricos.

Mais do que os títulos, Brady se destaca pela capacidade de se reinventar, liderar em momentos de pressão e inspirar seus companheiros. Ele prova que o sucesso depende do esforço coletivo e da força mental.

A trajetória de Brady mostra que não importa sua posição inicial ou quantas portas se fechem: o que importa é o que você faz com as oportunidades que aparecem.

Sua história é um convite para todos: não importa quantas vezes você seja subestimado, o potencial para ser grande está dentro de você. A diferença está em como você enfrenta os desafios e transforma obstáculos em degraus para a vitória.

Seja como Tom Brady: levante-se, mantenha a fé e nunca pare de lutar pelo seu sonho.

10

O PODER DO CONHECIMENTO

Em **uma vila distante, cercada por montanhas imponen**tes e florestas densas, havia uma caverna profunda onde muitos acreditavam que o grande segredo da vida estava escondido. Durante gerações, as pessoas temiam entrar na caverna, pois diziam que a escuridão lá dentro era tão densa que poderia engolir qualquer um que tentasse explorá-la.

Em uma aldeia esquecida pelo tempo, nasceu um menino que fazia mais perguntas do que deveria.

"Por que o sol nasce sempre de lá?"

"Se ninguém vê o vento, como sabemos que ele existe?"

"E se o que todos acreditam estiver errado?"

As pessoas o olhavam com impaciência.

Chamavam-no de estranho, inquieto, rebelde.

Alguns diziam que ele era "diferente demais para dar certo".

Outros apenas ignoravam.

Aos poucos, ele se tornou o renegado.

Enquanto os outros decoravam respostas, ele buscava sentido.

Enquanto os outros obedeciam por medo, ele queria compreender por quê.

Foi rejeitado pela escola, criticado pelos mestres, desprezado pelos colegas.

Mas havia uma coisa que ninguém conseguia arrancar dele: sua sede de saber.

Ele lia à noite, quando todos dormiam. Estudava com livros antigos, molhados pela chuva e esquecidos numa estante.

Fazia perguntas às estrelas, ouvia o silêncio como quem escuta segredos.

E então, um dia...

Tudo mudou.

Uma praga atingiu a aldeia.

Os líderes estavam perdidos.

As fórmulas, inúteis.

A sabedoria popular, cega.

Foi quando o menino, agora jovem, apareceu.

Com olhos calmos.

Com conhecimento escondido.

Com ideias que ninguém entendia, mas que funcionavam.

Ele curou feridas com ervas que aprendeu nos livros.

Explicou os ventos, previu as chuvas, salvou vidas.

Aquele que foi expulso...

Se tornou o único capaz de transformar o caos em direção.

O renegado virou mestre.

O rejeitado virou farol.

E o menino das perguntas se tornou o homem das respostas.

No fim, ele disse apenas uma frase à multidão que antes o ignorava:

"O mundo tentou me calar. Mas o conhecimento me ensinou que a verdade não precisa ser aceita para ser real. Só precisa ser buscada com coragem."

E então desapareceu pelas trilhas da floresta, deixando um legado:

- *Que o saber liberta.*
- *Que pensar diferente é o primeiro passo para transformar o impossível.*
- *Que o verdadeiro gênio nasce, quase sempre, no silêncio dos desacreditados.*

O conhecimento é o único tesouro que ninguém pode tirar de você. Ele pode te tornar perigoso para os ignorantes...

Mas indispensável para os tempos difíceis.

Se hoje você é questionado por pensar diferente, siga em frente, você pode ser o gênio que o mundo ainda não entendeu...

Mas que um dia vai precisar.

O **poder do conhecimento** é transformador, é a chave que liberta o potencial de cada ser humano. Sem conhecimento não existe desenvolvimento, e como consequência evolução. Tudo o que não evolui perece, é assim que acontece.

O primeiro passo para você alcançar a sua melhor versão é ter disposição para adquirir novos conhecimentos e habilidades. Ler este livro até o final, anotar tudo o que lhe fizer sentido para aplicar na sua vida, já é o primeiro passo para adquiri conhecimentos. Em todas as gerações existiram pessoas que romperam essa barreira e transformaram aquilo que era somente uma ilusão em realidade.

Uma afirmação que é bastante verídica no mundo corporativo é a seguinte: a equipe que faz a empresa faturar um milhão por ano, provavelmente, não será a mesma que faturará dez milhões. Isso ocorre porque, ao crescer, tudo aumenta, aumentam os custos e bônus e, naturalmente, requer mais sofisticação intelectual para lidar com os desafios do novo cenário. A pessoa que não demonstra vontade de continuar se desenvolvendo torna-se um grande peso para os gestores, uma vez que a falta de vontade de se desenvolver leva à formação de uma crença limitante que limita o crescimento. É desse cenário que muitas pessoas ficam estagnadas, pois em vez de buscar se desenvolver para alcançar a nova visão de futuro atraente, ficam se apegando à estrada já percorrida, ou melhor, ao passado. Pessoas estagnadas atrofiam e morrem.

Existe uma frase clichê que diz: *"conhecimento é poder."* Porém, essa frase está incompleta. Conhecimento, por si só, é apenas potencial de poder. Ele se torna uma verdadeira força apenas quando aplicado com sabedoria e consistência, na prática.

De nada adianta acumular informação se ela não for convertida em ações que gerem resultados.

Isso é o que diferencia um profissional nota cinco, fácil de ser substituído, de um profissional nota dez, que é indispensável e muito importante para o time. Geralmente, enquanto o primeiro está ali para "completar o elenco", não se dedica nada além do necessário, o segundo faz parte dos protagonistas. E para ser protagonista, a dedicação é diferente.

Quando colocamos em ação o que aprendemos, conquistamos habilidades que nos tornam capazes de enxergar oportunidades onde outros veem obstáculos, e são através dessas oportunidades que aumentamos o nosso valor de mercado.

Santos Dumont, o brasileiro considerado um dos pioneiros da aviação, acreditava que o céu não era um limite, mas sim um novo começo. Com determinação e paixão pela inovação, ele projetou e voou com o *14-Bis* em 1906, tornando-se o primeiro a realizar um voo homologado com um avião mais pesado que o ar, sem a necessidade de uma catapulta para decolagem. Seu legado nos lembra que a coragem de sonhar e a persistência para transformar ideias em realidade são as verdadeiras forças que impulsionam o progresso da humanidade.

Thomas Edison, o inventor da lâmpada elétrica, é o exemplo clássico do poder do conhecimento e a sua atitude mudou o hábito da humanidade. Ele não apenas estudou eletricidade e invenções — ele testou, experimentou e falhou mais de mil vezes antes de criar a lâmpada elétrica funcional. Thomas Edison entendeu que o conhecimento sem aplicação é apenas potencial desperdiçado, mas quando aplicado, os resultados transformam vidas.

Outro exemplo inspirador é o de Marie Curie, que, em uma época em que a ciência era predominantemente masculina, dedicou sua vida ao estudo da radioatividade. Sua sede de conhecimento não só a levou a se tornar a primeira mulher a ganhar um Prêmio Nobel, mas também a única a conquistar o prêmio em duas categorias diferentes. Marie Curie não apenas aprendeu, mas utilizou seu conhecimento para transformar o mundo da ciência e abrir caminhos para gerações futuras.

Esses exemplos mostram que o conhecimento, por si só, não é suficiente.

É NECESSÁRIO AGIR, TESTAR, ERRAR E PERSISTIR.

A cada novo aprendizado, uma nova porta se abre, e o mundo se torna cheio de possibilidades, tudo aquilo que parecia impossível se torna alcançável com os conhecimentos corretos aplicados na prática.

Em muitos ambientes, estamos cercados de pessoas que não vivem uma "vida real", são todos *fakes*. São os famosos empreendedores de palco ou do Instagram, pessoas que nunca tiveram uma empresa, nunca assinaram uma carteira de trabalho, mas estão vendendo conteúdos na internet, ensinando a fórmula secreta para se tornarem ricos da noite para o dia; e tudo isso em um estalar de dedos. E se existem muitas pessoas que fazem isso, é porque existem muito mais pessoas que compram essas ilusões, a busca pelo conhecimento tem que ser parte da sua rotina, para não cair nessas armadilhas que a falta de disposição em se desenvolver gera — a prosperidade é uma consequência natural desse hábito.

Criar esse hábito exige disciplina e curiosidade. Imagine o que você poderia conquistar se decidisse colocar em prática tudo o que já sabe.

O CONHECIMENTO GUARDADO É COMO UM SUPERPODER NÃO EXPLORADO; UM LIVRO FECHADO, SEM VALOR ALGUM.

Não seja inútil, deixando de explorar todos os aprendizados adquiridos durante sua jornada. Esse é o seu verdadeiro SUPERPODER, que o fará alcançar o próximo nível.

Muitas vezes, a falta de conhecimento cria hábitos que acabam travando nossa evolução e limitando nossa vida. Por isso, reflita sobre isso profundamente e busque a resposta dentro de você. Uma das formas mais eficazes de continuar crescendo e se desenvolvendo é justamente compartilhar com o mundo o conhecimento que você conquistou. Quando você divide o que aprendeu, fortalece não só os outros, mas também a si mesmo, criando conexões que ampliam sua visão e impulsionam seu crescimento contínuo. Faça parte dessa corrente. Quem compartilhar conhecimento faz deste mundo um lugar melhor.

SEM
CONHECIMENTO,
NÃO EXISTE
DESENVOLVIMENTO
E, COMO
CONSEQUÊNCIA,
EVOLUÇÃO.

O GÊNIO QUE SUPEROU BARREIRAS.

STEPHEN HAWKING

Stephen Hawking foi diagnosticado com uma doença devastadora aos 21 anos. A esclerose lateral amiotrófica — uma doença incurável que paralisaria o corpo de forma irreversível. Os médicos disseram que ele teria apenas dois anos de vida.

Dois anos.

Era o tempo que o mundo acreditava que ele ainda teria para viver.

Mas Hawking não aceitou essa sentença.

Ele sabia que a mente humana não se rende.

E foi na força do conhecimento que ele encontrou a chave para quebrar limitações.

Com o corpo perdendo a capacidade de se mover, de falar e até de respirar sem ajuda, Hawking, em vez de se deixar levar pela dor e pelo desespero, mergulhou ainda mais profundamente no universo das ideias. Ele não parou de pensar. Não parou de buscar respostas.

Era como se o corpo dissesse "não posso mais", e sua mente respondia "eu posso mais do que nunca".

A cada avanço da doença, ele avançava ainda mais no campo da física. Usando um computador controlado por um único músculo de sua face, ele escreveu sobre buracos negros e desenvolveu teorias revolucionárias sobre o universo. Ele falou sobre o tempo, sobre a origem do cosmos, sobre o infinito; e fez isso sem nunca parar de acreditar que o conhecimento tem o poder de libertar a mente.

Ele não tinha as mãos para escrever. Não podia usar a voz para se expressar. Mas o conhecimento o fez irresistível. Ele se tornou o maior físico da nossa geração. Ele não era limitado pelo seu corpo, porque ele entendeu uma verdade poderosa:

O conhecimento não tem barreiras.

A vida o desafiou de maneiras que muitos não conseguiriam sobreviver. Mas ele nos mostrou que, quando você tem um propósito maior, quando se dedica ao que você ama, não há obstáculo que seja forte o suficiente para te deter.

Stephen Hawking fez história.

Desafiou a medicina.

Desafiou as expectativas.

E desafiou a ideia de que a limitação física impede o ser humano de alcançar grandes feitos.

Ele não apenas sobreviveu ao diagnóstico, mas viveu com intensidade. Ele foi um gênio renegado, um exemplo de resiliência e determinação. Ele nunca se entregou à dor. Pelo contrário, transformou a dor em combustível para a mente, e a mente dele foi mais poderosa que qualquer dificuldade física.

Seus livros, suas ideias, seus feitos não são apenas legados de um físico brilhante. Eles são legados de um homem que provou ao mundo que, quando você se conecta com seu verdadeiro propósito, as limitações do corpo não definem o que você é capaz de conquistar.

Ele foi um homem que, apesar de tudo, sempre teve algo a nos ensinar: quando você é movido pelo conhecimento, não há limites que possam te parar. E o verdadeiro poder da mente é que ela nunca conhece fronteiras.

Stephen Hawking nos ensinou que, não importa o que o mundo diz sobre você, se você tem conhecimento, você tem o poder de transformar qualquer realidade.

LIBERTE
O SEU
POTENCIAL!

11

AMBIÊNCIA

Havia um pequeno broto que nasceu num vaso. Todos *os dias, ele recebia água e um pouco de sol, mas suas raízes estavam presas. Ele crescia, mas não conseguia se expandir. Seu espaço era limitado, e, por mais que tentasse, nunca se tornava uma árvore forte.*

Um dia, um jardineiro percebeu seu potencial. Pegou o pequeno broto e o plantou no solo fértil de um grande campo aberto. No começo, o vento forte assustava, o sol parecia intenso demais, e a chuva era imprevisível. Mas, com o tempo, suas raízes se aprofundaram, seus galhos se fortaleceram e ele se tornou uma árvore majestosa.

Agora, imagine se aquele broto tivesse permanecido no vaso. Ele jamais teria conhecido seu verdadeiro potencial.

Essa história é sobre o poder do ambiente. Muitas vezes, estamos cercados por pessoas, lugares e circunstâncias que limitam nosso crescimento. Nos acostumamos com o que é pequeno, confortável e seguro. Mas, se queremos alcançar nosso máximo, precisamos nos permitir mudar de ambiente, buscar desafios, nos cercar de pessoas que nos incentivem a crescer.

Se você sente que sua vida está estagnada, talvez não seja você o problema. Talvez seja o vaso.

E a boa notícia?

Você pode se replantar onde quiser.

Se você quer crescer, transforme o ambiente ao seu redor. Cercar-se de pessoas que te desafiem, que te inspirem e que te mostrem novos caminhos é o primeiro passo para alcançar seus maiores sonhos. O seu sucesso começa com as escolhas que você faz hoje.

Já percebeu como algumas pessoas parecem ter mais oportunidades, crescem mais rápido e alcançam o sucesso com mais facilidade? Pode parecer sorte, mas, geralmente, o que realmente faz a diferença é o ambiente em que elas estão e as conexões que cultivam.

Se você quer mudar sua vida, precisa mudar onde está e com quem está. A verdade é que ninguém cresce sozinho. As pessoas ao seu redor influenciam diretamente sua mentalidade, suas decisões e até o seu nível de ambição.

Imagine duas pessoas. Uma vive cercada por negatividade, reclamação e falta de perspectivas. A outra está em um ambiente de aprendizado, motivação e troca de ideias. Qual delas tem mais chances de crescer?

O AMBIENTE PODE SER SEU COMBUSTÍVEL OU SUA ÂNCORA.

Quando você se cerca de pessoas que querem crescer, que lhe desafiam e lhe inspiram, é impossível não evoluir.

Jeff Bezos começou a Amazon em uma garagem, mas estava cercado por pessoas que acreditavam na inovação e no poder da internet. Ele não ficou onde estava; ele criou seu próprio ambiente de crescimento.

Quantas oportunidades incríveis você já perdeu porque não estava no ambiente certo, ou conectado com as pessoas certas? Uma vez participei de uma imersão empresarial, onde saí desse curso com o aprendizado que multiplicou meus resultados. Prospere financeiramente e abra ambientes, pois, dessa forma, te dá a oportunidade de se conectar com vários especialistas no assunto que você deseja se desenvolver. Todo grande empresário que conheci é rodeado de profissionais de diversas áreas que lhe impulsionam.

Como diz um provérbio: *"Diga-me com quem andas, e eu te direi quem és."*

Não espere que as oportunidades simplesmente apareçam, elas não vão aparecer.

Crie seu ambiente, construa seu *networking* e veja sua vida se transformar. Você já ouviu a frase "Se você é a pessoa mais inteligente da sala, está na sala errada"? Isso resume perfeitamente o impacto da ambiência em sua jornada de crescimento: esteja em ambientes que agreguem valor e onde você esteja constantemente aprendendo.

Na verdade, quanto mais você se cerca de pessoas que compartilham sua visão, desafiam seus limites e te impulsionam para frente, mais rápido você cresce. E é exatamente isso que um ambiente poderoso faz por você. Eu sempre atuei no departamento comercial do ramo de escola de inglês, desde os meus 19 anos, foi o que fiz da minha vida; e dentro desse ramo me conectei com pessoas que foram fundamentais para o meu desenvolvimento profissional, desde cargos executivos até a inauguração da minha empresa — grandes amigos que se tornaram mentores.

Durante a pandemia, ingressei no universo dos livros e das palestras e também foi uma experiência sensacional, me conectei com grandes *players* de diversas áreas que contribuíram muito para a minha jornada e meus negócios. Estar no ambiente certo, ter a humildade para aprender, buscar referência em pessoas que percorreram a estrada que você deseja percorrer, vão lhe gerar um grande impulsionamento para o seu desenvolvimento pessoal e profissional.

O inverso também é verdadeiro: dependendo do ambiente social e das pessoas com as quais você se relaciona, sua vida pode se degradar aceleradamente e, quando você se dá conta, a destruição já é significativa.

Existem lugares que você nunca deveria pisar, nem de brincadeira. Lugares aos quais você nunca deveria ir. Porque, no momento em que a gente pensa "ah, vou dar uma passada", essa passada pode mudar negativamente a sua história.

Se você permanecer em ambientes onde não reconhecem o seu valor, diminuirá o seu dom até o tamanho que eles conseguem suportar. E é isso que causa ansiedade, depressão, estresse e frustração.

Por que você está tendo que se encolher para os outros se sentirem bem?

Se recuse a se tornar pequeno porque as pessoas que te cercam pensam pequeno.

Não reduza a sua visão porque eles não conseguem enxergar. Mude a sua ambiência, mude as suas amizades e as referências que guiam a sua vida. Tubarão nada com tubarão e sardinha com sardinha; escolha muito bem os ambientes que vai frequentar, pois eles definem o seu destino.

O que mais acontece na vida de pessoas que estão em ambientes onde não deveriam estar é ter outras pessoas que nunca construíram nada de interessante na vida, dando palpite e fazendo julgamentos sobre você, e isso nem é tão grave, por ser comum em ambientes com pessoas frustradas. O que é grave é isso conseguir afetar seus sentimentos e suas ações.

Assim como um peixe cresce conforme o tamanho do aquário, você cresce conforme o ambiente em que está inserido. Se você se cerca de pessoas negativas, que só reclamam e não tomam ação, esse padrão vai influenciar sua mentalidade.

O sucesso não acontece por acaso. Ele é construído pela ambiência certa e pelas conexões certas. Se você quer transformar sua vida, comece transformando seu ambiente e seu círculo social.

SE VOCÊ QUER CRESCER, TRANSFORME O AMBIENTE AO SEU REDOR.

O HOMEM POR TRÁS DA TRANSFORMAÇÃO DO MCDONALD'S.

RAY KROC

Aos 52 anos, Ray Kroc não era sinônimo de sucesso. Era apenas um vendedor ambulante de máquinas de *milk-shake*, com mais derrotas do que vitórias, lutando para pagar contas e tentando — pela enésima vez — encontrar seu lugar no mundo. Para muitos, ele já estava velho demais para recomeçar. As oportunidades pareciam ter expirado. Os sonhos, engavetados.

Mas havia algo que ninguém podia ver: dentro daquele homem comum, existia uma chama indomável. Ray Kroc podia estar quebrado financeiramente, mas não espiritualmente. Ele ainda carregava o desejo de construir algo grande, de deixar um legado. O que lhe faltava não era força de vontade, era o ambiente certo.

Tudo mudou quando ele entrou em uma pequena lanchonete na Califórnia. Era o restaurante dos irmãos Richard e Maurice McDonald. Para os outros, apenas mais um ponto de comida rápida. Para Kroc, uma engrenagem perfeita de eficiência, repetição e qualidade. Um modelo de negócio pronto para dominar o mundo.

Foi ali que Ray entendeu uma das maiores verdades do sucesso: ambientes certos ativam versões poderosas de nós mesmos. Ao se expor a algo novo, cercado por mentalidade visionária e sistemas bem definidos, ele começou a se transformar.

De vendedor desacreditado a líder visionário, sua visão cresceu além das dificuldades. Não era mais sobre vender máquinas. Era sobre criar uma cultura. Uma experiência. Um símbolo global. Kroc assumiu a missão de expandir o McDonald's como um império e aplicou o princípio que mudaria tudo: consistência é mais poderosa que genialidade isolada.

Cada loja McDonald's deveria oferecer o mesmo padrão, o mesmo sabor, a mesma sensação. Ele não vendia apenas comida. Vendia previsibilidade, confiança e identidade. E com isso, conquistou o mundo.

Ray Kroc, o homem que muitos julgavam pobre demais, velho demais, comum demais... tornou-se um dos nomes mais poderosos do capitalismo global. Não porque teve sorte, mas porque soube se posicionar no ambiente certo, com a visão certa, na hora certa.

Às vezes, o que te separa da vida que você sonha não é a falta de talento, mas a ausência do ambiente certo. Pode ser que você esteja regando sua semente num solo estéril. Ray Kroc mostrou que nunca é tarde para recomeçar — desde que você se cerque de mentalidades que elevam, não que limitam. Se você sente que está atrasado, cansado ou fora de rota, pare e pergunte a si mesmo:

"Estou cercado pelas pessoas certas?"

"Estou me conectando com ambientes que expandem meu potencial?"

Mude seu ambiente.

Mude sua visão.

E a sua vida mudará.

LIBERTE
O SEU
POTENCIAL!

12

COMPETÊNCIA EMOCIONAL

Em uma vila distante, havia um velho samurai conhecido *por sua sabedoria e paciência. Ele já não lutava mais com espadas, mas sua presença impunha respeito em toda a região, sendo uma fonte de inspiração.*

Um dia, um jovem guerreiro, arrogante e impetuoso, chegou à vila desafiando o samurai. Ele queria provar sua superioridade e destruir a reputação do velho mestre.

Diante da multidão, o jovem começou a insultá-lo. Xingou sua família, zombou de sua idade, tentou provocá-lo de todas as formas possíveis. Mas o velho samurai permaneceu em silêncio, sereno, sem demonstrar nenhuma reação.

Isso irritou ainda mais o jovem, que continuou gritando e tentando provocar o mestre. Mas, depois de um tempo, cansado e frustrado, ele desistiu e foi embora.

Um aprendiz que assistia a tudo perguntou:

— Mestre, por que o senhor não reagiu? Como conseguiu suportar tantos insultos sem dizer nada?

O velho samurai sorriu e respondeu:

— Se alguém lhe oferece um presente e você não o aceita, de quem é o presente?

— De quem tentou entregá-lo, é claro! — respondeu o aprendiz.

O mestre então disse:

— O mesmo vale para a raiva, as ofensas e o ódio. Se você não os aceita, eles continuam pertencendo a quem os carrega.

Essa parábola nos ensina que competência emocional não é sobre controlar o que os outros fazem, mas sobre escolher como reagimos.

Muitas vezes, somos provocados, enfrentamos críticas ou lidamos com pessoas que tentam nos tirar do equilíbrio. Mas temos uma escolha: aceitar ou não o peso das palavras e emoções alheias.

O verdadeiro poder não está na força ou na resposta imediata, mas na capacidade de manter a calma, não absorver a negatividade e agir com sabedoria.

Na vida, seja como o velho samurai: não carregue o que não lhe pertence.

Competência emocional é a capacidade de gerenciar e controlar suas próprias emoções enquanto entende e lida com as emoções dos outros. Não é sobre suprimir o que você sente, mas sobre como responde a essas emoções construtivamente.

Sempre falo que, se você fizer algo que agradará Deus, vai desagradar ao inimigo, que vai levantar pessoas ou ataques contra você. Esteja pronto.

Se eu fosse contar cada vez que tentaram matar meus sonhos, eu ficaria aqui uma semana escrevendo. Tentaram, não conseguiram, e você só se diminui se deixar. Você não pode deixar esse tipo de coisa afetar sua vida. Não pode desanimar — eu nunca vou desanimar —, porque o desânimo vai passar e você não pode ser fraco. Viva as derrotas, desfrute das dificuldades e, mesmo parecendo contraditório, agradeça a Deus por cada momento. Nessas horas, aprendemos muito sobre honra e gratidão.

Haverá momentos em que você vai cair, beijar a lona e até tentarão tirar sua credibilidade. Mas, nesse período, você não pode corromper seus valores, sua essência nem perder sua competência emocional. Pessoas que se desestabilizam nas derrotas ainda não estão prontas para viver a glória, pois são as derrotas que forjam nossa essência. Passado esse deserto, você tem que ser homem e mulher de verdade, se levantar e seguir em frente com a cabeça erguida.

Você não precisa implorar por aprovação; seus sonhos não podem depender disso. As pessoas não precisam gostar de você, mas, quando você se olhar no espelho, é melhor amar o que vê. Eu sempre falo isso nas minhas palestras e reuniões.

AS PESSOAS VÃO TE AMAR E TE ODIAR PELO MESMO MOTIVO, NUNCA SE PERMITA SER MOVIDO PELAS PESSOAS; APENAS POR DEUS E PELA ESSÊNCIA QUE EXISTE NO SEU CORAÇÃO.

Se não houver ninguém que o criticasse ou torcesse por você, isso significa que você está morno, nem quente, nem frio, não está fazendo o suficiente; se ninguém o enxerga como uma ameaça, isso significa que você não é forte o bastante; se ninguém o critica por sua capacidade, isso significa que você não é extraordinário o bastante.

Agora, se alguém está querendo tirar vantagem sobre você, significa que você tem valor. Se alguém te isola, significa que você é forte o bastante para ficar sozinho. Se alguém te imita, significa que você é carismático e influenciador. Se alguém te difama, significa que você é muito importante para ser ignorado. Se alguém debocha de você, significa que você já está acima deles. Se alguém duvida de você, significa que você está cruzando limites que eles nem imaginam.

Lembre-se: todas essas atitudes que vêm dos outros não medem quem você é como pessoa.

Quando estamos fragilizados, damos espaço para algumas pessoas destruírem as almas mais doces; testam seus limites, confundem bondade com fraqueza, e então, quando essa doçura se torna amarga, quando a dor finalmente transborda e destrói a autoestima e os sonhos, os acusadores se satisfazem, pois, a grande maioria deles, são pessoas frustradas que não curaram suas amarguras e contaminam as pessoas ao seu redor.

São poucas as pessoas que suportam tantos ataques sem permitir que seus sonhos sejam destruídos. Geralmente, quando avançam contra seus acusadores, são chamadas de loucas, tóxicas, e esquecem que foram elas que acenderam o fogo.

Mas aqui está a verdade: toda reação tem uma raiz, toda chama tem uma faísca. Não se pode culpar alguém por defender o pouco que resta de sua essência e de si mesmo, por se recusar a continuar sendo desrespeitado.

Esses momentos podem até ferir seu coração, mas você tem que aprender a jogar o jogo e se manter forte na sua jornada.

Na sua vida, você pode reagir ao caos ou pode dançar no meio dele e vencer com estratégia.

Pessoas com alto nível de inteligência emocional não ouvem palavras. Elas leem energia, humores, linguagem corporal e coisas pequenas, como o seu olhar.

A VIDA É MELHOR QUANDO VOCÊ NÃO DEPENDE DA APROVAÇÃO DE NINGUÉM.

Há uma certa paz que vem ao agir em silêncio, focando em si sem a pressão ou as expectativas de opiniões externas. Quando você mantém seus objetivos em segredo, pode trabalhar neles livremente, sem sentir a necessidade de alcançar os padrões de outras pessoas. É como proteger sua energia, mantendo-a para si.

E também as coisas que mais importam para você.

Para ter uma vida saudável com paz de espírito, é preciso escolher bem o seu parceiro ou parceira de vida, para encontrar o equilíbrio de que tanto precisa para enfrentar o caos do dia a dia. Algumas pessoas são uma bênção, enquanto outras são uma maldição. Você tem que diferenciar.

Um relacionamento de verdade deve lhe trazer paz, é claro que não somente isso, tem que ter disposição para construir uma boa história e memórias, tem que ter amor, respeito e lealdade. Mas o que você realmente precisa é paz de espírito, do tipo que deixa você construir o seu futuro. Sem caos te tirando do rumo, sem ficar com briguinhas fúteis que só drenam a sua energia.

Agora, deixa eu te fazer uma pergunta: Você está em um relacionamento que te apoia enquanto você progride? Ou as exigências dessa pessoa estão te jogando para baixo? Porque, se você é um homem ou uma mulher em uma missão, precisa de um parceiro de vida leal, cujas necessidades não te levem à exaustão, que compartilhe dos mesmos sonhos e seja seu suporte quando as coisas não saírem conforme o planejado. Você precisa de alguém que será seu parceiro, não sua fraqueza.

Uma boa mulher é um investimento para a vida toda, te levantando e apoiando quando as coisas estão difíceis. Como dizem, uma boa mulher vai te inspirar; uma mulher ruim vai te drenar. Um bom homem será seu alicerce e sua segurança em sua fragilidade. Então, procure por uma pessoa que seja um ativo, não uma fraqueza. Quando um homem ou uma mulher são imaturos, o cônjuge carrega essa conta para a vida toda. Às vezes, seu próprio crescimento é a maior inspiração de que os outros precisam. Um casal feliz, seguro de si e leal reciprocamente, produz muito mais em qualquer profissão, comparado aos casais que vivem em conflitos em casa.

Escolher a pessoa certa para construir a vida é fundamental para canalizar a energia naquilo que é importante de verdade. Casais que se desgastam pela infantilidade de um ou do outro têm mais dificuldades em prosperar, podem até ganhar boas remunerações, mas jogam todo esse esforço pelo ralo. Não crie uma competição dentro do seu lar, para ver quem é o melhor nisso ou naquilo, desenvolva juntos a sabedoria e a competência emocional.

Você é provedor e sábio. Nunca se mostre desesperado.

Fique calmo, mesmo quando estiver passando por momentos difíceis.

Aceite que este é simplesmente o seu momento de sofrer, assim como todas as grandes pessoas antes de você.

A grandeza nunca foi construída a partir do caos emocional ou do desespero.

Momentos sombrios são provas necessárias, o fogo que forja seu caráter e define quem você realmente é.

Não importa o que você esteja enfrentando, você deve assumir com força, controle e convicção de que você vai superar isso.

Lembre-se disto: todo grande homem da história enfrentou o seu próprio inferno, e passou por ele com disciplina e firmeza.

Esses momentos não foram quebrados, eles foram construídos.

Não permita que as dificuldades ditem sua reação.

Encare-as como uma oportunidade.

COMPETÊNCIA EMOCIONAL É A CAPACIDADE DE CONTROLAR SUAS PRÓPRIAS EMOÇÕES ENQUANTO LIDA COM AS EMOÇÕES DOS OUTROS.

GLADIADORES DO BRASIL.

O Brasil é um verdadeiro celeiro de lutadores de artes marciais que levaram o nome do país com orgulho e determinação para os maiores palcos do mundo. Nomes como Vitor Befort, Wanderlei Silva, os irmãos Rodrigo Minotauro e Rogério Minotouro; Maurício Shogun, Lyoto Machida Anderson Silva, José Aldo, Maurício Werdum, Júnior Cigano e Ricardo Arona são exemplos vivos da garra, técnica e paixão que o Brasil imprime no MMA.

Cada um desses atletas construiu sua própria história de luta superação e glória. Wanderlei Silva é conhecido por seu estilo feroz e incansável. Os irmãos Minotauro e Minotouro, mostraram ao mundo a força do jiu-jitsu e boxe brasileiro, enquanto Maurício Shogun impressionou com sua combinação de técnica e poder. Lyoto Machida revolucionou o esporte com seu caratê estratégico, e Anderson Silva encantou fãs por anos com sua precisão e domínio quase inigualável.

José Aldo dominou sua categoria com velocidade e inteligência. Maurício Werdum e Júnior Cigano levaram o Brasil ao topo dos pesos-pesados, conquistando cinturões importantes Ricardo Arona, com seu estilo versátil, também deixou sua marca

Entre esses guerreiros, destaca-se a trajetória inspiradora de Vitor Belfort. Com apenas 19 anos, ele se tornou o campeão mais jovem do UFC, um feito histórico. Mas Vitor enfrentou desafios que foram muito além do octógono. Em 2004, durante um dos momentos mais difíceis de sua vida, sua irmã Priscila Belfort desapareceu. Mesmo com o coração apertado pela angústia Vitor entrou no octógono para disputar o cinturão do UFC e saiu vencedor. Ele dedicou aquela vitória à irmã, um testemunho de fé e força em meio à adversidade. Essa é a mentalidade de um verdadeiro guerreiro.

Vitor em suas redes sociais sempre compartilha a mensagem de Deus, é conhecido pela sua resiliência e coragem na vida e pela sua fé em Jesus Cristo. Sua história prova que a verdadeira vitória vem da fé, da perseverança e do propósito firme no coração.

Que o legado desses lutadores brasileiros inspire você a acreditar que pode despertar o gigante adormecido dentro de si. Com fé, coragem e determinação, é possível libertar todo o seu potencial e transformar qualquer desafio em uma conquista extraordinária.

LIBERTE
O SEU
POTENCIAL!

13

COMPETÊNCIA FINANCEIRA

H*avia dois amigos de infância, Mateus e João, que cres-* *ceram juntos em uma pequena vila. Ambos sonhavam em ter uma vida próspera, mas seguiam caminhos muito diferentes quando se tratava de dinheiro.*

Um dia, um sábio da vila lhes deu a mesma oportunidade: uma pequena árvore frutífera. Ele disse: "Se cuidarem bem desta árvore, ela poderá dar frutos por muitos anos. Mas se colherem tudo de uma vez, ficarão sem nada."

Mateus, impaciente, decidiu colher todos os frutos rapidamente e vendê-los. Com o dinheiro, comprou roupas novas, uma festa e alguns luxos passageiros. Poucas semanas depois, sua árvore estava seca e ele ficou sem recursos.

João, por outro lado, teve paciência. Ele colhia alguns frutos e vendia, mas sempre guardava algumas sementes para plantar novas árvores. Com o tempo, seu pequeno pomar cresceu, e logo ele tinha várias árvores frutificando constantemente. Enquanto Mateus pedia ajuda, João desfrutava de colheitas sem fim, vivendo com tranquilidade.

A moral da história? O dinheiro é como uma semente. Se você gasta sem planejamento, logo acaba. Mas se o cultiva com sabedoria — investindo, poupando e tendo paciência —, ele se multiplica e gera frutos por toda a vida.

Provérbio para refletir:

"Na casa do sábio há comida e azeite armazenados, mas o tolo devora tudo o que pode."

(Provérbios 21:20)

Este livro não é sobre finanças, riqueza ou investimentos.

Não é sobre fórmulas mágicas para enriquecer — até porque, todas as pessoas ricas que conheci na vida, ou melhor, aquelas que *construíram* sua riqueza, sempre trabalharam muito. E mesmo depois de alcançarem certa "estabilidade", continuaram se dedicando intensamente aos seus negócios, novos projetos e ao seu desenvolvimento pessoal.

Mas uma coisa é certa: para ter sucesso na vida, para desbloquear todo o seu potencial, o domínio sobre as finanças é fundamental. Sem isso, você viverá constantemente sob o peso da escassez, da preocupação e da ansiedade. E isso, inevitavelmente, limita quem você pode se tornar.

Competência financeira não é sobre quanto você ganha, mas sobre como você planta, colhe e administra essa colheita.

Muita gente ainda acredita que enriquecer é questão de sorte, uma jogada do destino, um privilégio de poucos escolhidos. Mas a realidade é dura e libertadora ao mesmo tempo: não importa quanto você ganha, e sim o que você faz com o que tem.

GERALMENTE, QUEM PENSA QUE PROSPERIDADE É SORTE JÁ GASTOU O SALÁRIO ANTES MESMO DE RECEBÊ-LO.

Saber controlar suas finanças e não ser impulsivo a ponto de zerar sua conta todos os meses, é algo que determina suas noites de sono, sua saúde mental e sua capacidade de realizar seus sonhos.

Eu sei bem o que é isso. Em 2010, quando iniciei minha empresa, precisei recorrer a empréstimos e estourar o limite do cartão para dar os primeiros passos. Aquele período foi tenebroso. Eu recebia ligações a cada cinco minutos de bancos e credores. Isso me tirava a paz, drenava minha energia e desviava meu foco do negócio.

Você se sente humilhado, exposto, e isso corrói sua autoestima. Mas há momentos que marcam a nossa vida e nos transformam.

Lembro de uma noite especialmente dolorosa, no Natal de 2012. Havia pago o 13º salário e as férias dos meus colaboradores, cerca de 10 a 12 pessoas na época, e, para honrar esse compromisso, estourei todos os meus limites: conta física, conta jurídica, cartões de crédito. Eu tinha apenas uma nota de cinquenta reais na carteira. Já era casado, meu filho tinha um ano e meio, e muitos dos meus colaboradores, achando que eu estava rico, me ligavam da praia, convidando para passar a passagem de ano com eles.

Na verdade, eu estava quebrado.

Naquele dia, passamos o dia todo pintando a escola: eu, minha esposa e dois amigos que foram parceiros; e à noite, na casa da minha sogra, abri a carteira e encarei aquela única nota. Me isolei e, com o coração cheio de raiva, chorei orando a Deus. Aquela foi, até então, a pior noite de Natal da minha vida. A pressão de ser pai, marido e empresário em meio ao caos era sufocante.

Mas hoje, com sinceridade, eu agradeço por aquela noite. Porque foi ali, no fundo do poço, que uma chama se acendeu dentro de mim. Eu decidi mudar. Comecei a tratar o dinheiro com respeito. Busquei conhecimento onde antes havia ignorância. E com muita raiva, foco e fé, no ano seguinte, comecei a prosperar. Quitei todas as minhas dívidas e dei início a uma nova fase: a fase em que o dinheiro passou a trabalhar por mim — e não o contrário.

O fundo do poço, muitas vezes, é o ponto de partida para libertar todo o seu potencial. Porque, quando você chega lá, agir é a única opção que resta.

Competência financeira não tem a ver com quem ganha mais, e sim com quem administra melhor. Naquele Natal, eu ganhava mais que todos os meus colaboradores juntos, e ainda assim, era o mais quebrado e endividado.

O dinheiro jamais deve ser o seu senhor. Pessoas escravas do dinheiro se tornam rasas, vazias. Mas, ao mesmo tempo, a falta dele tira sua paz — principalmente se você é adulto e tem gente que depende de você.

Você já deve ter ouvido falar de atletas, artistas ou ganhadores da loteria que perderam tudo. Sem planejamento, caíram de volta ao chão. E, por outro lado, também há histórias incríveis de pessoas que começaram do zero e construíram impérios.

O que separa essas histórias?

Mentalidade, estratégia, responsabilidade.

Quem vive apenas para ganhar dinheiro dificilmente alcança algo duradouro. Agora, quem vive por uma causa, por um propósito, vai mais longe, porque a motivação é mais profunda.

A pessoa que só busca o dinheiro, quando começa a ganhar mais, já quer gastar mais. Vive para "se mostrar", cria despesas desnecessárias, aumenta seu padrão sem aumentar sua sabedoria. E acaba colhendo frustração.

Você talvez tenha família, contas a pagar, parcelas acumuladas, impostos, mercado, plano de saúde. E ainda lida com a instabilidade econômica do país. A maioria das pessoas vive num *desespero silencioso*. E muitos chefes de família carregam essa dor sem poder demonstrar fraqueza.

Enquanto escrevo estas palavras, uma estatística alarmante revela que a maioria dos brasileiros está com o nome no SPC ou Serasa.

Mas o caminho para sair disso começa com coragem para encarar a realidade. Sem maquiagem, sem drama, com clareza e responsabilidade. Não é fácil, eu sei — mas é possível. E a forma como você lida com esse problema determina a velocidade com que você sai dele.

Mesmo que hoje você não esteja nessa situação, certamente conhece alguém que está. E pode ajudar.

A mudança exige energia, foco e mentalidade. Já vi muitas pessoas que, ao invés de resolver a dívida, pediam dinheiro emprestado para apagar incêndio. Resultado? Um problema se transforma em dois. E logo vem o protesto, as brigas e o nome sujo.

Dinheiro pode ser bênção ou maldição. E quem define isso é você — com sua mentalidade.

Não importa como está sua situação financeira agora. Olhe para ela com a seriedade que merece. Porque sua paz depende disso. E muitas pessoas deixam de viver sua alta *performance* por conta dessas amarras mentais.

A pessoa que ignora essa realidade cria uma mentalidade derrotada, que aceita qualquer coisa da vida. Não se sente digna de prosperar.

Você é digno, sim. Você é capaz, sim. Mas precisa agir.

Invista em conhecimento. Quando buscar crescimento profissional, nunca coloque o dinheiro como causa. O dinheiro é consequência.

Pessoas que geram resultados, inevitavelmente, ganham mais.

Metas todo mundo tem. Mas quem realiza tem métodos. E o método mostra o caminho.

Competência emocional está diretamente ligada a vários pilares, e um dos mais importantes é o financeiro.

Não existe nobreza na escassez. Exclusividade é poder.

Fale menos, ouça mais. Reaja menos, observe mais.

Antes de ser excelente em algo, você precisa ter sido bom. Antes de ser bom, você precisa ter sido ruim. Antes disso, precisa ter começado.

Invista em você. Supere suas deficiências.

Leia livros. Faça cursos. Participe de mentorias. Hoje, há conteúdo gratuito de qualidade por toda a internet. Não há mais desculpas.

Muitas pessoas, infelizmente, preferem o "modo automático": trabalham o dia todo, chegam em casa e se desconectam da realidade na frente da TV ou do celular.

Buscando aliviar a dor, as pessoas frequentemente se apegam a "prazeres imediatos", como se estivessem tomando uma pílula que apenas mascara os sintomas. No entanto, a verdadeira cura não está nessa pílula que oferece um alívio temporário. Ela se encontra na injeção: embora cause uma dor de curta duração, é a solução que resolve o problema a longo prazo.

Sofra o triplo agora, para se libertar depois.

Crie disciplina. Sua família vai agradecer por isso.

A diferença entre quem tem estabilidade financeira e quem está sempre no vermelho não é a renda, mas sim os hábitos.

O FUNDO DO POÇO, MUITAS VEZES, É O PONTO DE PARTIDA PARA LIBERTAR TODO O SEU POTENCIAL.

UM DOS MAIORES INVESTIDORES DE TODOS OS TEMPOS.

WARREN BUFFETT

Quando pensamos em bilionários, é fácil imaginar histórias de sorte, grandes heranças ou um momento mágico que mudou tudo. Mas a verdade é que a maioria das fortunas duradouras foi construída com disciplina, visão de longo prazo e decisões financeiras inteligentes. E ninguém exemplifica isso melhor do que Warren Buffett, um dos maiores investidores de todos os tempos.

Buffett não nasceu bilionário. Ele cresceu em Omaha, Nebraska, e desde cedo desenvolveu uma relação especial com o dinheiro. Aos 11 anos, fez seu primeiro investimento comprando três ações da Cities Service por $ 38 cada. Quando o preço caiu, ele sentiu o peso da incerteza, mas decidiu esperar. Quando o preço subiu para $ 40, ele vendeu e comemorou.

O problema? Pouco tempo depois, a mesma ação disparou para $ 200 por unidade. Foi ali que ele aprendeu uma de suas maiores lições: a paciência no mundo dos investimentos vale mais do que a pressa de ganhar rápido.

Buffett entendeu desde cedo que o dinheiro poderia trabalhar para ele se fosse bem administrado. Em vez de gastar, ele reinvestia cada centavo. Aos 14 anos, comprou uma fazenda com a renda que acumulou entregando jornais. Aos 30, já tinha mais de um milhão de dólares.

Mas o segredo da riqueza de Buffett não foi ganhar dinheiro rapidamente; foi deixar o tempo agir a seu favor. Ele sempre diz: "Alguém está sentado na sombra hoje porque alguém plantou uma árvore há muito tempo."

Enquanto muitas pessoas querem enriquecer rápido, Buffett sempre seguiu uma filosofia simples:

* **Comprar ativos que crescem no longo prazo;**
* **Evitar gastos desnecessários e dívidas ruins;**
* **Reinvestir constantemente os lucros;**
* **Tomar decisões baseadas em valor, e não em emoção.**

Mesmo sendo um dos homens mais ricos do mundo, Buffett vive de forma simples. Mora na mesma casa que comprou em

1958, dirige um carro comum e evita luxos desnecessários. Para ele, riqueza não é sobre ostentação; é sobre liberdade, segurança e fazer boas escolhas.

Buffett nos ensina que não precisamos de um salário milionário para alcançar a independência financeira. Precisamos de disciplina, paciência e decisões estratégicas.

O que fez Buffett bilionário não foi um golpe de sorte, e sim um plano simples seguido à risca por décadas. Ele prova que qualquer pessoa pode construir riquezas se souber plantar sementes financeiras hoje para colher amanhã.

Como diz um provérbio chinês:

O MELHOR MOMENTO PARA PLANTAR UMA ÁRVORE FOI HÁ 20 ANOS, O SEGUNDO MELHOR MOMENTO É AGORA.

Seja paciente, invista no seu futuro e deixe o tempo trabalhar a seu favor. Sua liberdade financeira começa com as escolhas que você faz hoje!

LIBERTE
O SEU
POTENCIAL!

14

MATE O SEU PASSADO

H*avia um executivo de sucesso, respeitado por muitos,* *mas que vivia aprisionado por algo que ninguém podia ver: as sombras do seu passado. Apesar de suas conquistas, ele carregava dentro de si o peso dos erros que cometeu, das oportunidades desperdiçadas e das escolhas erradas que o afastaram de quem realmente desejava ser.*

No silêncio de sua alma, ele ouvia vozes sussurrando: "Você não é bom o suficiente. Você nunca será perdoado. Você sempre será o mesmo."

Cansado de carregar essa culpa invisível, o executivo procurou um velho profeta, um homem de fé conhecido por sua sabedoria e serenidade. Sentado diante dele, confessou com um suspiro pesado:

— Sinto que estou preso ao que fui. Por mais que eu tente seguir em frente, meu passado continua me condenando. Já tentei mudar tantas vezes, mas é como se algo sempre me puxasse para trás. Como posso encontrar paz?

O profeta olhou para ele com compaixão e disse:

— Filho, imagine que você está segurando uma pedra muito pesada. Você a carrega há tanto tempo que já nem percebe o quanto dói. Mas há algo que você precisa entender: Jesus Cristo já pagou o preço por cada erro seu. Você não precisa mais carregar esse fardo.

O executivo abaixou a cabeça, sentindo a verdade nas palavras do profeta, mas ainda assim, hesitante, falou:

— E se eu não conseguir me perdoar?

O profeta sorriu e respondeu:

— Você não foi chamado para carregar o peso do seu passado. Cristo já tomou isso sobre Si na cruz. A sua parte agora é entregar a Ele, confiar que Ele faz novas todas as coisas. A graça de Deus não apenas te perdoa, mas te transforma.

Naquela noite, o executivo voltou para casa e, em oração sincera, entregou a Cristo tudo aquilo que o oprimia: seus arrependimentos, suas falhas e suas dores. Pela primeira vez, ele sentiu algo diferente; uma leveza que nunca havia experimentado antes. Ele percebeu que o homem que era já não precisava definir quem ele poderia se tornar.

A partir daquele dia, escolheu viver uma nova vida, não mais baseada no peso do passado, mas na esperança do futuro que Deus havia preparado para ele. Cada decisão, cada passo, cada desafio agora eram guiados pela certeza de que ele era uma nova criação.

E assim, o executivo aprendeu que a verdadeira liberdade não vem das conquistas do mundo, mas da entrega total a Deus. Ele não era mais um prisioneiro das sombras, mas sim um filho amado, perdoado e transformado pela graça de Cristo.

Se o seu passado está lhe condenando, lembre-se de que, em Jesus Cristo, há uma nova vida e o renovo da sua história começa a partir do momento em que você se conecta verdadeiramente com Ele.

Seu passado pode ter erros e falhas que lhe colocam em uma prisão invisível. Na sua mente pode sussurrar lembranças de atitudes que lhe causam arrependimentos, que tentam lhe convencer de que nunca será digno de escrever uma nova história.

Muitas pessoas vivem presas a uma identidade antiga, com culpa e vergonha, porém a verdadeira transformação acontece quando decidimos matar o velho eu, para viver a nossa nova e melhor versão.

Eu sei, muitas vezes, para matar a sua velha "persona", você vai enfrentar muitos desafios. Sempre vai existir aquele conhecido que vai fazer questão de lembrar de quem você era, e com isso tentar descredibilizar a sua nova versão. Mas se você tiver o coração aberto para conhecer quem realmente foi Jesus Cristo e aceitar como seu único e suficiente Salvador. A transformação da sua vida acontece.

É IMPOSSÍVEL CONHECER VERDADEIRAMENTE JESUS E NÃO TER A SUA VIDA TRANSFORMADA.

Você não é definido por seus erros ou fracassos; você é definido pelas suas escolhas. Perdoar o seu passado é um ato de coragem, porque significa aceitar que você não pode mudá-lo, mas pode decidir não deixar que ele controle o seu futuro.

Jesus já pagou o preço pelos seus pecados. Ele não te vê como você foi, mas como aquele que pode se tornar em Sua Graça.

"Se alguém está em Cristo, é nova criatura; as coisas antigas já passaram, eis que tudo se fez novo."

(2 Coríntios 5:17)

Essa promessa não é apenas palavras — é uma realidade disponível para aqueles que escolhem deixar para trás as sombras e abraçar a luz da redenção.

A verdadeira mudança não acontece do lado de fora, mas no coração. Quando você perdoa a si, você se liberta. Quando você decide parar de reviver as dores antigas e se abrir para o novo, um peso é removido dos seus ombros e você começa a enxergar a vida com novos olhos.

MATE O SEU PASSADO.

Deixe-o onde ele pertence: no ontem. O futuro não pode florescer em um terreno contaminado pelas mágoas de outros tempos.

Você foi chamado para algo maior, e a estrada para a nova pessoa que deseja ser começa com uma decisão: deixar para trás, olhar para cima e seguir em frente.

Preste atenção, para que coisas novas cheguem em sua vida, as antigas precisam partir; e essa regra tem que ser aplicada agora na sua vida, para não viver o mesmo ciclo com pessoas diferentes. Muitas pessoas desejam a mudança, mas não estão dispostas a fazê-la. Dessa forma, com o decorrer dos anos, elas continuam vivendo a mesma vida que as deixavam infelizes.

Sei que muitos hábitos que nos aprisionaram insistem em permanecer em nossas vidas e, na primeira brecha que nós damos, eles batem à porta novamente, mas tem que ter coragem e convicção para combater aquilo que lhe sabotou até aqui.

Há pessoas que você precisa tirar da sua vida AGORA.

É aquela que insiste em lembrar quem você era e gosta de jogar fardos sobre seus ombros, gostam de alimentar todos os hábitos que lhe prejudicou, a pessoa que fala quem você costumava ser, o que fazia e como fazia.

Essa sua versão está morta, não existe mais, e quem quer trazer essa pessoa de volta não pode estar na sua nova vida. Somos influenciados pelas pessoas que convivemos e, para construir uma nova vida, precisamos renunciar a todas as pessoas e ambientes que caminharam até aqui e não fizeram a sua vida frutificar.

Não há nada mais importante do que tirar da sua vida tudo e todos que te colocaram no fundo do poço ou que travaram o seu progresso. O diabo serve o veneno em um prato lindo e cheiroso.

Eles querem que você seja a pessoa que era, mas você está em uma nova fase, evoluindo e construindo o seu novo destino. Você precisa se concentrar nesta sua nova versão.

Abandone o orgulho, os vícios, a amargura, o apego ao dinheiro, as coisas materiais e tudo aquilo que lhe escraviza ou faz se tornar uma pessoa fraca.

E quem não aceitar e respeitar a sua nova persona, aqueles que querem fingir que você é a mesma pessoa que eles conheceram. Exclua todos da sua vida. Remova essas âncoras.

Tenha humildade para recomeçar e viver o seu novo "eu". Aprenda com o conteúdo compartilhado neste livro e busque ajuda com pessoas que já vivem a nova versão que você deseja se tornar.

Fique longe de pessoas que agem como vítimas em problemas que elas criam. Elas são fracas, orgulhosas e egoístas e estão tentando te manipular e não estão preocupadas com o seu bem, só querem que você carregue esse fardo por elas.

Passe mais tempo com as pessoas que agregam valor na sua vida, com quem você tem um futuro em comum, em vez de um passado comum.

A caminhada para a sua nova vida não será fácil. Haverá dias de lutas, momentos em que a dúvida baterá à porta e o medo tentará tomar conta. Foque no que está adiante. Assim como um corredor que se mantém olhando para frente para alcançar a linha de chegada, você precisa manter os olhos fixos em seus objetivos, em sua fé e no propósito que Deus tem para sua vida.

Filipenses 3:13 nos ensina: *"Esquecendo-me das coisas que ficaram para trás e avançando para as que estão adiante, prossigo para o alvo."*

Agora é o momento de se revestir de uma nova mentalidade. Troque o medo pela fé. Substitua a dúvida pela confiança. Abandone a culpa ou mágoa e vista-se de gratidão. A cada dia que você escolhe caminhar como uma nova pessoa, você está fortalecendo o seu relacionamento com Deus, se dando a oportunidade de escrever um novo capítulo com um final diferente.

Em vez de olhar para trás e reviver sentimentos ruins, a partir de agora, sempre que você visitar o seu passado, vai enxergar o quanto a sua vida foi transformada pela decisão que você tomou de seguir a sua vida com Jesus. Todos os dias temos que estar dispostos a matar o velho homem e, se acontecer de algum dia você falhar, não se torture, Deus sabe que os homens não conseguem entregar a perfeição; o que Ele busca é conhecer verdadeiramente o seu coração.

Deus confiava muito em Pedro, quando os soldados vieram prender Jesus. Pedro estava tão determinado a defender Jesus, que ele sacou a sua espada e cortou a orelha do soldado. Porém, um pouco mais tarde, quando Jesus foi levado à casa do sumo sacerdote, Pedro negou que conhecia Jesus.

Assim como Pedro, TODOS NÓS, temos essas duas pessoas no nosso interior. O velho homem e o novo homem.

É por isso que a escritura diz: "Abandone o velho homem."

Tem muita gente que depende de você e, mesmo com todas as suas imperfeições, tem muito orgulho de você.

Você é honrado e tem tudo o que precisa para viver sua melhor versão. Não importa que, no seu passado, tenha havido dor, raiva e frustrações; se você se desprender disso, seu futuro, que é um livro em branco, será grandioso.

Com Jesus, conseguimos ter uma força sobrenatural para excluir todas as mágoas que nos feriram e escravizaram; com Jesus, conhecemos o verdadeiro significado do amor; com Jesus, você viverá o extraordinário todos os dias. E, assim como o calendário do mundo, dividido em antes e depois de Cristo, sua vida também será. Sua nova vida o espera.

Se você é essa pessoa virtuosa, chegou a hora de mostrar ao mundo sua transformação e o quanto é merecedor de tudo o que está acontecendo.

Não fique preso ao seu passado.

O que importa é o que você vai construir a partir de agora. Isso pode mudar seu futuro.

A ESPOSA DE LÓ

Existem centenas de mulheres mencionadas pelo nome na Bíblia (o livro das Sagradas Escrituras).

Uma mulher em especial Jesus disse para nos lembrarmos.

Lembre-se da esposa de Ló.

O que sabemos sobre a esposa de Ló é que ela se tornou uma coluna de sal.

O anjo do Senhor disse: "Não olhe para trás, para as coisas que queimam, não olhe para trás pelas coisas das quais estou te libertando."

Olhe para o futuro.

Mas a esposa de Ló olhou para trás e se tornou uma coluna de sal, e ela ficou presa em um lugar no qual ela deveria estar apenas de passagem.

E a palavra olhar para trás na língua original significa olhar para trás com saudade e desejo de voltar. O seu apego com o passado era maior do que o seu compromisso com o futuro.

Ela queria o que ela estava deixando para trás, mais do que a vida tinha para ela no futuro.

Quem fica preso no passado não consegue enxergar todas as possibilidades de transformação que existem no presente e que vai preparar para o futuro.

QUANDO A GRAÇA TE DERRUBA PARA TE LEVANTAR.

A VIRADA DE PAULO

Tem gente que olha para a própria vida e diz: "Deus nunca usaria alguém como eu."

Mas essa é a maior mentira que você pode acreditar.

E se você ainda tem dúvidas, deixa eu te contar sobre um homem chamado Saulo.

Ele não nasceu um herói da fé.

Ele não começou bem.

Na verdade, ele começou totalmente do lado oposto.

Um homem temido pelos cristãos.

Saulo era temido.

Um homem influente, religioso, zeloso — mas cego de alma.

Ele achava que estava fazendo o bem ao perseguir os seguidores de Jesus.

Arrastava homens, mulheres e até jovens para a prisão.

Estava presente no apedrejamento de Estêvão, o primeiro mártir.

Saulo era inimigo número um da igreja primitiva.

Enquanto todos oravam, ele caçava.

Enquanto uns pregavam, ele aprisionava.

Enquanto uns anunciavam a vida, ele espalhava o medo.

Mas Deus não olha para o rótulo.

Ele enxerga o que ninguém vê: o propósito escondido até mesmo no perseguidor.

Um encontro que muda tudo.

Um dia, no caminho para Damasco, com cartas autorizando mais perseguições, Deus interrompe a sua jornada.

Uma luz forte o derruba no chão. Ele ouve uma voz:

"Saulo, Saulo, por que você me persegue?"

"Quem és tu, Senhor?"

"Eu sou Jesus, a quem você persegue."

Naquele momento, o homem forte cai. O religioso é confrontado. E o perseguidor encontra Aquele que ele rejeitava.

Saulo fica cego. Literalmente.

Por três dias, não vê nada. Não come. Não bebe.

Mas ali, no silêncio, Deus estava abrindo os olhos da alma.

A graça envia ajuda.

Deus então chama Ananias, um simples discípulo, e diz:

"Vá até Saulo, imponha as mãos sobre ele."

Ananias hesita:

"Senhor, esse homem perseguiu Teus filhos!"

Mas Deus responde:

"Ele é um instrumento escolhido para levar o meu nome a reis, judeus e gentios."

Ananias obedece.

Ora por Saulo.

Escamas caem dos seus olhos. A visão volta.

A vida começa de novo.

De perseguidor a pregador.

Saulo agora é Paulo.

O mesmo homem que antes odiava Jesus, agora vive por Ele.

O mesmo homem que antes prendia cristãos, agora se torna prisioneiro por causa da fé.

O mesmo homem que espalhava o medo, agora espalha a esperança.

Ele viaja por cidades, planta igrejas, treina líderes, prega para reis, enfrenta perseguições, prisões, naufrágios, açoites e calúnias...

Mas nunca mais volta atrás.

Paulo se tornou o maior propagador do Evangelho de Jesus Cristo. Escreveu 13 cartas que hoje fazem parte da Bíblia. Impactou gerações. E ainda hoje, transforma vidas com suas palavras.

A sua virada também pode acontecer.

A história de Paulo é a prova de que você pode ter feito tudo errado até aqui...

Pode ter machucado pessoas...

Pode ter vivido longe de Deus...

Mas se você tiver um encontro real com Jesus, tudo muda.

Ele te ama apesar do teu passado.

Ele não cancela histórias. Ele restaura.

Ele não te descarta. Ele te chama!

Paulo não era perfeito. Mas ele era disponível.

Ele não tinha o passado ideal. Mas tinha um coração rendido.

E isso foi o suficiente para que Deus o levantasse como instrumento para o mundo.

Se Deus transformou Saulo em Paulo... o que será que Ele pode fazer com a sua vida, se você disser SIM hoje?

Você não está aqui por acaso.

A sua história ainda está sendo escrita.

E o capítulo da sua virada... pode começar agora.

15

APRENDIZADOS DA JORNADA

Chegamos ao penúltimo capítulo e espero que esteja aproveitando a sua jornada até aqui.

Todo herói começa sua jornada com um sonho no coração e um chamado à ação. No início, o caminho parece incerto, repleto de dúvidas e desafios que testam sua força e sua fé. Mas são nesses momentos que a verdadeira coragem se revela. Não na ausência do medo, mas na decisão de seguir em frente — apesar dele.

A vida não poupa obstáculos. As quedas são inevitáveis, as portas se fecham, e a solidão muitas vezes parece a única companhia. Mas o herói da vida sabe que cada dificuldade faz parte do desenvolvimento e muitas vezes, através dela, vem uma oportunidade de crescer.

A persistência é o que separa os que sonham dos que realizam.

Há dias em que tudo parece impossível, em que as tempestades rugem alto e as forças parecem se esgotar. Mas é nessa hora que a fé se torna o maior alicerce. Acreditar, mesmo quando nada faz sentido, é o que impulsiona o herói a dar mais um passo.

A fé é a certeza de que, mesmo sem ver, o impossível pode se tornar realidade.

Cada derrota carrega uma lição, cada "não" é somente um desvio para algo maior, e cada fracasso é um degrau a mais na escada do sucesso. O herói aprende que as adversidades não são o fim da jornada, mas sim o fogo que molda sua determinação.

O FOGO QUE NOS DESAFIA É O MESMO QUE NOS FORTALECE.

E então, após incontáveis batalhas, o herói se vê diante da vitória. Não porque teve sorte, mas porque escolheu não desistir. Porque entendeu que a verdadeira força vem da resiliência, que o sucesso é uma construção diária e os sonhos só pertencem àqueles que ousam persegui-los até o fim.

Se hoje a jornada parece difícil, lembre-se: cada grande história de triunfo começou com alguém que decidiu seguir adiante, mesmo quando tudo parecia perdido.

Trilhar o caminho dos vencedores é trilhar o caminho do desconforto, é um longo caminho. É um caminho, não é um passo. É uma estrada só de ida, não tem volta. Não tem atalhos, não é um caminho plano, é um caminho pedregoso, com muitas subidas e descidas, com tempestades e muitas vezes tem lama, obstáculos, mas é um caminho que você pode escolher trilhar até o fim da vida.

Trilhar esse caminho é uma escolha e muitas pessoas não têm a disposição de lidar com os momentos de tempestades, por isso, para trilhar o caminho dos vencedores, você tem que andar em ambiente de alto desempenho, tem que andar com pessoas que têm pensamento de vencedor. Porque ganhar não é tudo, entregar verdadeiramente o seu melhor é tudo.

Neste capítulo, vou compartilhar os aprendizados que adquiri ao longo da vida e que fizeram muita diferença nos meus resultados.

Tem muita gente que odeia competir, o que é uma crença limi-tante, pois competitividade é a melhor coisa que você pode ter na sua vida. Repare na vida de todo profissional bem-sucedido, em qualquer área, todos tiveram algum competidor à altura que não deixavam entrar na zona de conforto. No esporte, temos muitos exemplos, todo campeão tem um concorrente à altura. O que seria de Messi sem Cristiano Ronaldo e vice-vers. E isso vale para qualquer um.

Você tem que ter disposição para competir, pois isso vai trabalhar a sua mentalidade, disciplina e bloquear a sua zona de conforto.

As pessoas estão confundindo competitividade com guerra.

Seu rival não tem que ser seu inimigo e, se você reparar bem, ele se torna seu aliado, ao fazer você entender que a principal competição é consigo mesmo e que, se você sempre fizer o seu melhor com os princípios e valores éticos corretos, a colheita sempre vai chegar.

Quando eu atuava na área comercial, consegui bater vários recordes de vendas que impulsionaram a minha carreira.

Comecei a ser notado pela empresa na qual trabalhava, alcancei cargos de liderança, anos depois, me tornei empreendedor e em todos esses momentos, sempre existiu um ambiente competitivo que não permitia eu entrar na zona de conforto. Sempre que baixei a guarda e me permiti entrar nessa zona, tinha um profissional alcançando meu lugar de destaque. Se você deseja crescer e desenvolver na sua vida, você tem que estar em um ambiente competitivo. Pois estar em um ambiente onde não exigem nada de você, não vai lhe despertar para a sua melhor versão.

Ter sonhos e estabelecer metas é algo que todos podem fazer, mas a diferença entre o fracassado e o vencedor não está somente na meta em si; afinal, ambos podem ter a mesma.

Se você pegar uma pessoa endividada e perguntar: qual é a sua meta de vida? Existem grandes chances de ela responder: “Ser rico.”

Se você tivesse feito a mesma pergunta no passado, para alguém que enriqueceu: qual era a sua meta de vida? Grande chance de ficar rico ser uma das respostas.

Qual foi a mudança de chave que o rico teve, que o endividado ainda não teve?

Quais foram os hábitos, comportamentos, pensamentos, mentalidade e ações que diferenciaram essas pessoas com as mesmas metas, porém resultados completamente diferentes?

Então, somente metas sem atitudes corretas se tornam uma ilusão, que não significa nada, pois só tem poder quem age e não quem somente tem a intenção de agir.

O mesmo vale para outras áreas da vida, pessoal e profissional.

Você não vai conquistar o corpo desejado senão construir uma ambiência para viver uma rotina de hábitos, treino e alimentação que favoreça a construção do resultado que deseja.

Você não vai ser um profissional bem remunerado, reconhecido pelo seu trabalho, se fizer o que todo mundo faz, somente porque você tem a meta de evoluir.

Você vai ter que estudar, fazer cursos e se empenhar de uma forma que a maioria não faz.

Todas as pessoas bem sucedidas têm métodos de trabalho que aplicaram em suas vidas, e através desses métodos construíram seus resultados.

Quando você tem um método de ação, você cria a visão do caminho que vai percorrer; quando você tem somente o sonho, sem a ação, ou sem saber como fazer, você fica rodando sem sair do lugar.

As pessoas que vencem na vida conseguem virar a página do passado e deixar para trás. Elas não ficam remoendo suas frustrações; mas as pessoas que fracassam vivem presas ao passado, o tempo todo relembrando aquela dor de anos atrás e, com isso, não olham para o futuro com esperança.

Não importa há quantos anos foi, elas vivem remoendo, revivendo, sofrendo novamente uma situação na qual elas não têm mais controle.

Não importa o quanto você sofra com a situação do passado, nada podemos fazer para mudar. Geralmente, as pessoas criam muitos hábitos sabotadores, nos quais elas são as maiores prejudicadas, usando essa dor, como argumento para justificar seus erros.

Pessoas bem sucedidas têm o poder de ressignificar suas dores, pessoas fracassadas se tornam prisioneiras desse sentimento.

Classificamos pessoas vencedoras, como pessoas que passam pela vida e têm uma vida de sucesso, uma vida de equilíbrio, uma vida relevante ao longo da sua história.

Vitoriosos são aqueles lembrados com admiração; são pessoas que passaram pelos mesmos problemas que todos nós enfrentamos e, ainda assim, construíram uma vida feliz. Escolha de que lado você quer fazer parte.

Dos vencedores, que resolvem seus problemas e, mesmo com dificuldades, vivem a vida com amor, respeito e gratidão? Ou dos fracassados, que vivem uma vida amargurada, alimentando ressentimentos, nunca resolvem nada e fazem parte dos grupinhos de frustrados, que vivem atacando e falando mal de pessoas quando elas não estão presentes? Em vez de curar as próprias feridas, elas as externalizam em quem as ouve.

Muita gente associa felicidade a dinheir,o, sobre isso, claro que ganhar dinheiro e estar com todas as contas pagas, frequentar bons lugares e desfrutar de todos os benefícios que o dinheiro oferece — é ótimo e revitaliza a alma. Porém, todos os ricos que conheci sempre deixaram claro que o dinheiro nunca foi o propósito de suas vidas e exatamente por isso que ficaram ricos. Escrevi um capítulo inteiro sobre este tema e a mentalidade que eles aplicaram em suas vidas.

Todos em algum momento tiveram "tombos" financeiros e perderam muito dinheiro, mas como o dinheiro não era o propósito e sim uma consequência, tiveram a competência financeira e emocional de lidar com as tempestades que surgem na vida.

São pessoas com a mentalidade treinada para não deixar que resultados negativos tirem a sua paz e dispostas a fazer sacrifícios para saírem das situações desconfortáveis. Por essa visão e comportamento, sempre que se propuseram a fazer algo, entregaram o seu melhor e ser bem remunerado foi uma consequência de toda essa dedicação.

Uma vida de vitória é, como a própria expressão já diz, uma vida. Não é um passo que você dá, ainda que coerente, ainda que seja um passo razoável que te leve a ter consequências positivas.

Pensar alto é usar os fracassos como degraus para o seu destino. Precisamos de uma cultura que entende que o fracasso faz parte do nosso crescimento. Muito do que o mundo aplica hoje é sobre ganhar, mas o que estimula o verdadeiro crescimento é perder. Você aprende mais com a perda do que com a vitória. As coisas que falhamos preparam-nos para ganhar.

* O que você aprendeu com o seu último fracasso?
* Como ele lhe ajudou a subir?
* O que você aprendeu com a pessoa que foi embora?
* Na sua vida, você está correndo atrás do quê? Das coisas materiais ou imateriais?

Faça uma reflexão dessas perguntas e descubra o que realmente importa e inspira você a seguir em frente.

Vencedores são obstinados, não desistem facilmente dos seus objetivos. Para ser vencedor, você não precisa esquecer do mundo à sua volta. Claro que há momentos em que será necessário focar mais no seu lado profissional e deixar a vida pessoal e familiar em segundo plano. Mas agir dessa forma não pode se tornar um estilo de vida; é fundamental encontrar uma harmonia, pois nenhum projeto é bem-sucedido se destrói uma família, nenhum "sucesso" é "sucesso" se destrói relacionamentos.

Faça uma aliança com as pessoas que você ama e verifique se elas apoiam seu projeto. Mostre por que você ficará mais distante por um período e quais benefícios isso trará para a vida de todos.

Você se sente muito mais motivado e corajoso, quando tem o apoio das pessoas à sua volta. Construa alianças com as pessoas que você ama e busque a sua vitória com a mentalidade e estado de espírito de um vencedor.

O que você nunca deve fazer é desistir de algo que assumiu o compromisso de fazer, porque os que desistem não são vencedores. Ninguém pode tomar essa decisão por você.

Nem seu pai, nem a sua mãe, nem a sua esposa, nem o seu marido, nem os seus filhos. Essa decisão é intransferível, é somente sua.

Quem escolhe trilhar o caminho dos vencedores, tem que ir até o fim sem desistir.

As pessoas determinadas em vencer com coragem, disciplina e atitudes corretas, influenciam o mundo, não tenha dúvidas sobre isso, só que para ser determinada, tem que ter clareza com o que quer. A maioria das pessoas não sabe o que quer.

O que estou querendo passar para você é que, para viver a jornada do herói e trilhar o caminho dos vencedores, é necessário ter um objetivo claro e definido na sua vida, e nunca permitir que sentimentos ruins ou dificuldades façam você mudar de ideia. Se você tem um plano, siga esse plano até o final, não faça as coisas somente por fazer, quem age dessa forma, começa tudo e não termina nada. Tenha disciplina com a sua vida e fique atento a todos os princípios e ensinamentos compartilhados neste livro.

Coloque em primeiro lugar o seu relacionamento com Deus. Sem Deus a vida perde o propósito. Sem propósito, tudo se torna vazio e, no momento de maior dor e dificuldade, é para Ele que você vai recorrer.

Você ainda tem dúvidas disso?

Pare tudo o que está fazendo e vá visitar a ala de UTI onde ficam os pacientes que estão correndo risco de vida, com os seus familiares apreensivos do lado de fora do hospital. Te garanto que até o mais descrente vai clamar para Jesus salvar o seu familiar, ou tirar todos os que estão sofrendo daquela situação de dor.

O homem que não confia no agir de Deus, na grande maioria, é arrogante e amargurado.

Ter fé e acreditar no processo de Deus vai lhe dar uma força sobrenatural.

MAS TEM QUE ACREDITAR.

A PERSISTÊNCIA
É O QUE SEPARA
OS QUE SONHAM
DOS QUE
REALIZAM.

16

DE CARVÃO A DIAMANTE!

Havia, em uma pequena montanha, um pedaço de carvão. *Ele era simples, opaco e parecia ser apenas mais um entre muitos pedaços de pedra. Ele passava seus dias quieto e sem brilho, com a sensação de que sua vida não tinha propósito ou significado. Seus amigos, os outros pedaços de carvão, também se sentiam da mesma maneira: comuns, sem valor.*

Um dia, o carvão viu uma luz cintilante à distância, vindo das profundezas da terra. Ele se aproximou e viu algo que nunca imaginara ser possível: um diamante radiante, resplandecente. O carvão, com uma mistura de admiração e tristeza, perguntou ao diamante: "Como você se tornou tão brilhante? Sou somente um pedaço de carvão, sem valor. Como posso ser igual a você?"

O diamante olhou para o carvão e respondeu com uma calma surpreendente: "Eu não fui sempre assim. Eu também já fui um pedaço de carvão, assim como você. Mas, para me tornar o que sou, eu precisei passar por um processo doloroso. Fui pressionado pelas profundezas da terra, endurecido pela força da natureza e moldado por um calor intenso que parecia insuportável."

O carvão, surpreso, perguntou: "Como você suportou tudo isso? Sou fraco, não aguentaria passar por algo assim."

O diamante sorriu, com suas facetas brilhando sob a luz, e disse: "O processo que enfrentei não foi fácil. O calor e a pressão pareciam insuportáveis, mas eu sabia que não poderia ser o que sou sem passar por isso. Precisei confiar que, no fim, aquilo que parecia destruição era, na verdade, minha verdadeira transformação. O que parecia ser o meu fim, na verdade, era apenas o início da minha grandeza."

O carvão refletiu sobre as palavras do diamante, e então ele perguntou: "Mas como posso acreditar que eu posso me transformar em um diamante?"

O diamante respondeu, com uma suavidade profunda:

"A verdadeira transformação começa quando você acredita no que está além do que você pode ver agora. Você precisa confiar no processo. O calor, a pressão, as dificuldades... todas elas são necessárias para você descobrir quem realmente é. Você não se torna algo grandioso sem passar por um processo grandioso. Mas lembre-se, não é o que você é agora, mas o que você está se tornando. E, assim como eu, você também pode se tornar algo muito maior do que imagina."

O carvão, tocado por aquelas palavras, sentiu algo despertar dentro de si. Ele percebeu que, embora agora fosse apenas carvão, havia algo muito maior à sua espera: a possibilidade de se transformar, de brilhar, de ser mais. Ele sabia que a jornada seria difícil, mas estava disposto a confiar no processo e a se entregar à transformação que o aguardava.

Caro leitor, estamos iniciando o último capítulo deste livro e quero lhe agradecer por passar essa jornada comigo. Desejo de todo coração que o conteúdo compartilhado contribua com muito valor à sua jornada, assim como aconteceu com a minha.

Passar pelo processo muitas vezes é doloroso, por mais que saibamos que é necessário. A verdadeira transformação acontece quando temos a disposição de mudar a realidade em que vivemos. Eu já estive na mesma posição que este carvão, acomodado e desmotivado com a realidade em que estava; vivendo uma vida sem tantas perspectivas de mudanças no futuro. Porém, quando tomei a decisão de mudar a rota da minha vida, de aplicar todos os princípios que compartilhei neste livro, o meu destino foi transformado e uma nova versão que eu nunca imaginei começou a nascer. Não foi rápido, do dia para a noite, não foi fácil, sem perdas e momentos que tiraram a minha paz, mas foi um processo que potencializou a minha fé e aqueceu o meu coração, e quando olho para trás, agradeço muito a Deus que me tirou dos caminhos tenebrosos pelos quais já passei.

E eu ainda estou no meu processo de evolução, pois ele é contínuo e nunca acaba. Quanto maior o passo, maiores os desafios.

Se Deus permitir, gostaria que a mensagem compartilhada nesta obra chegasse ao maior número de pessoas possível; pois sei que muita gente vive abaixo de seu verdadeiro potencial e só precisa de um empurrão para iniciar uma nova jornada.

Temos que fazer questão de fazer parte da corrente do bem, da corrente de pessoas que inspiram, motivam e contribuem para o desenvolvimento de outras. Se, mesmo após chegar até aqui, você ainda não arrebentou a corrente que te amarra — composta por pessoas que vivem se vitimizando e reclamando da vida, impedindo seu protagonismo —, pelo amor de Deus, faça isso agora mesmo, de uma vez por todas.

Não importa como você está hoje, em qual posição se encontra, com fé e atitudes corretas você pode chegar onde tanto deseja e esta mensagem não pode ser uma motivação vazia, tem que aplicar todos os princípios, na prática.

QUANDO LIBERAMOS O POTENCIAL ESCONDIDO EM NÓS, UMA NOVA VIDA SURGE E O EXTRAORDINÁRIO ACONTECE.

Para ter "sucesso" em qualquer área da vida, a verdade é que você não precisa ser especial. Você só tem que ser o que a maioria das pessoas não é: consistente, determinado e disposto a trabalhar por isso. Sem atalhos.

Integridade, propósito, determinação e disciplina são necessários para ser um campeão na vida.

Sem isso, você pode até ter conquistas, mas não vai ser um verdadeiro campeão.

Como lhe apresentei nesta obra, a vida ideal não acontece da noite para o dia, não é um passo, é um caminho, onde você vai passar por diversos momentos positivos e negativos, de alegrias e tristezas que vão forjar a essência do seu caráter e da sua mentalidade. Dessa forma, passando pelo processo igual à parábola deste capítulo, no qual o carvão se torna um diamante, você vai transformar a sua vida.

Todos somos o reflexo das nossas ações e a vida é muito singular, não nascemos e não estamos todos nas mesmas condições, por isso que comparar a sua realidade com a de outra pessoa é um grande desperdício de tempo e até uma fragilidade desnecessária. Existem pessoas que têm mais facilidades e melhores condições se comparadas com outras e isso é uma realidade.

Mas a grande oportunidade que este livro apresenta é que, não importa o seu momento, a sua vida pode e deve ser transformada.

O impossível é possível devido às pessoas que, em condições improváveis, não se conformaram com as condições impostas e fizeram o "impossível" acontecer.

Agora, olhe para si no espelho. O reflexo que você vê é o reflexo de quem você foi até agora. Mas não se limite a esse reflexo. A jornada que você começou continua em andamento. O poder da ambiência e da transformação é a chave para desbloquear seu verdadeiro potencial.

O mundo não te deve nada, você tem que ir em busca do que quer. No final, nós só nos arrependemos das oportunidades que não aproveitamos, e a sua jornada não é definida por como você começa, e sim como você faz questão de terminar, é isso que realmente importa.

Todos estamos colhendo a vida que plantamos até aqui, ou seja, somos merecedores de cada êxito e de cada fracasso.

Ninguém se importa com a sua história, lutas ou aflições. Tudo isso só vai ter valor e se tornará referência para outras pessoas quando você vencer todos esses obstáculos e construir grandes resultados.

Sem resultados em sua missão, você não será uma autoridade. Todas as referências o são por terem resultados. Intenção não tem nada a ver com ação. Só tem poder quem age.

Cada pessoa tem a vida atual que merece, o corpo atual que merece, a saúde atual que merece, o dinheiro atual que merece, o conhecimento atual que merece, é assim que a dinâmica da vida funciona.

A SUA VIDA MUDA QUANDO VOCÊ MUDA.

A chave da transformação está na sua mente. Maturidade não é uma questão de tempo, é uma escolha diária. Ter uma saúde melhor também é uma escolha. Ser uma pessoa melhor, mais equilibrada, mais focada, mais espiritual, mais nobre de coração é uma decisão que você pode tomar hoje, ou melhor, é uma decisão que você pode tomar, AGORA.

Escolha ser uma pessoa melhor, ter uma saúde melhor, ser uma pessoa íntegra, decente, leal, tudo isso você pode escolher. Toda maturidade e transformação são escolhas.

A nossa natureza é preguiçosa e imunda. Você escolher ser uma pessoa melhor todos os dias é o que combate tudo o que é ruim.

Então, quando você virar essa chave, tudo muda.

Não espere que as coisas mudem sozinhas, a mudança começa com você.

Qual escolha você vai fazer hoje para ser a melhor versão de si?

Você está a uma decisão, de uma vida completamente diferente. Na maioria das vezes, o caminho certo não é o mais fácil. E as escolhas que você fizer a partir de agora vão definir o seu próximo destino.

Então, quero que você reflita, sobre tudo que você sente a necessidade de fazer diferente, e se questione:

POR QUE NÃO FAZER?

Você é inteligente, sabe pensar, pode tomar decisões, pode estudar um plano, mudar seus hábitos, mudar a sua vida.

Você pode crescer muito nos próximos anos.

Você pode realizar seus sonhos.

Você pode construir um muro financeiro em torno da sua família.

Você pode se tornar saudável, poderoso e generoso.

POR QUE NÃO VOCÊ?

Chegou o momento de você acreditar na sua visão de futuro, na sua capacidade de realização e iniciar a sua jornada de evolução. Cada capítulo foi um passo em direção à compreensão de que a transformação não é apenas um evento isolado, mas um processo contínuo e dinâmico. Nada aqui foi escrito somente no achismo ou para ser um livro motivacional.

Tem que ser **TRANSFORMADOR**.

A jornada do herói, que exploramos no início, nos lembrou que todos enfrentamos desafios e a motivação é a força que nos leva a superá-los. O autoconhecimento, por sua vez, nos deu as ferramentas para olhar para dentro e avaliar nossas fraquezas e forças, permitindo-nos definir objetivos claros e significativos. A fé, como discutimos, é o combustível que alimenta nossa determinação, enquanto o poder do conhecimento nos capacita a fazer escolhas informadas em nossa trajetória.

Esses elementos não existem isoladamente; eles se conectam de maneira poderosa. O autoconhecimento fortalece a definição de objetivos e a fé positiva impulsiona a ação. Cada um de nós é um protagonista em sua própria história, e as decisões que tomamos moldam o enredo de nossas vidas.

O convite agora é para que você, leitor, reflita sobre sua própria jornada. Quais princípios você já está aplicando em sua vida? Quais passos você pode dar a partir de agora para continuar sua transformação? A resposta está dentro de você, pronta para ser descoberta.

Você é o arquiteto do seu futuro, rodeado das pessoas certas, imerso em um ambiente que lhe inspire e desafie. Quando você se comprometer com essa mudança, com a transformação de dentro para fora, perceberá que não há limites para o que pode alcançar.

O futuro pertence àqueles que acreditam na beleza dos seus sonhos.

Você está pronto para viver a sua melhor versão?

Vou encerrar este livro, com o aprendizado que é a chave que transformou a minha vida, curou as minhas feridas, cicatrizou as mágoas do meu coração.

O aprendizado que me fez sentir em companhia, quando estava sozinho, foi o meu alicerce nos momentos mais difíceis e o meu combustível nos momentos de maiores realizações.

Todos os aprendizados que compartilho neste livro não farão sentido se você não seguir este último — ao menos se permita a conhecer essa mensagem. E, se você já se permitiu, tenho certeza de que grandes frutos vão reverberar em sua vida e, através de seus exemplos, outros corações serão tocados e transformados.

Tudo desta vida se torna vazio, sem este último aprendizado; e faço essa afirmação com propriedade, pois conheço ambos os lados.

Antes, eu acreditava que conhecia a mensagem, mas era escravo das circunstâncias. Hoje, no processo de evolução, eu sou liberto e grato por tudo, pois conheço os seus ensinamentos e sei que, através desses, vidas são transformadas em todos os tempos: passado, presente e futuro.

ENTREGUE O SEU CORAÇÃO A JESUS.

O CAMINHO DA FÉ

Entregar o coração para Jesus é a decisão mais importante da sua vida. Mas não se engane: é também o momento em que você será mais tentado, mais confrontado e mais pressionado a desistir. Porque o inimigo sabe que, quando alguém se rende de verdade a Jesus Cristo, correntes são quebradas, vidas são transformadas e uma eternidade inteira muda de destino.

Eu não sei como está a sua espiritualidade hoje, mas quero abrir o meu coração: eu só descobri o verdadeiro sentido da vida quando tomei essa decisão — de matar o velho homem para viver uma nova vida. Eu já conhecia a mensagem, frequentava igrejas e agradecia a Deus pelas vitórias que Ele me deu ao longo dessa jornada conhecida como vida. Mas, mesmo grato, continuava com hábitos que me afastavam de um relacionamento verdadeiro com Deus. Foi quando me rendi de corpo, alma e espírito que a mudança aconteceu. Até aquele momento, eu acreditava, mas vivia distraído, preso a padrões e comportamentos que me sabotavam, tentando preencher um vazio que nada deste mundo poderia preencher.

Eu orava, mas, na maioria das vezes, era apenas para pedir coisas. Como se Deus estivesse aqui para me servir. Hoje eu sei: Ele é o Senhor, e eu sou servo. E foi só quando me humilhei diante d'Ele que a transformação começou. A Graça de Jesus me libertou de cadeias que eu não conseguia romper sozinho. Ele curou feridas que ninguém via, restaurou esperanças e trouxe uma paz que o mundo jamais poderia oferecer.

A Bíblia diz: *"Se alguém quiser vir até mim, negue-se a si mesmo, tome a sua cruz e siga-me."* Negar-se a si mesmo não é fácil. Significa abrir mão do orgulho, abandonar os pecados escondidos e deixar Jesus ser o centro da sua vida. Este é o único caminho que leva à verdadeira vida.

A salvação é individual. Ninguém pode decidir por você. Eu posso ensinar, direcionar e conectar você com a Palavra, mas só o Espírito Santo tem o poder de tocar o coração. Por isso, aprendi a não julgar nem condenar, porque um dia eu também errei, tomei decisões ruins e colhi resultados negativos. Quem seria eu para condenar alguém?

Um dia, eu estava perdido... mas se você se permitir, assim como eu fiz, o Espírito Santo pode tocar o seu coração. E tudo será transformado.

E é com essa verdade que encerro este livro: tudo o que você leu aqui são aprendizados reais, vividos na prática. Mas sem esse último passo, tudo perde o sentido. Muitas vezes, por orgulho, ego ou vaidade, resistimos em dar o passo que pode mudar completamente a nossa história e quebrar todas as correntes que nos aprisionaram por anos.

Não resista mais. Não adie. Hoje pode ser o dia da sua libertação, o dia em que sua vida será reescrita por Jesus. Ele está batendo à porta do seu coração. Abra. Entregue-se. Sinta a Graça, a Paz e a transformação que só o amor de Cristo pode trazer. Deixe que Ele conduza sua vida de dentro para fora, e viva uma história nova, plena e eterna.

ORO PARA QUE A GRAÇA DE JESUS ENCONTRE VOCÊ.

POSFÁCIO

Não existe livro que liberte se ele não for escrito com verdade. E o que você tem nas mãos é mais do que páginas bem organizadas — é um chamado.

Um chamado para olhar para dentro. Para se encarar com honestidade.

Para admitir que talvez, sim, você tenha se sabotado por medo.

Talvez tenha aceitado menos do que merecia.

Talvez tenha acreditado na voz errada por tempo demais.

Mas esse livro te entregou algo maior do que culpa: possibilidade.

Porque quando a gente entende que recomeçar não é vergonha, é estratégia, quando a gente quebra as mentiras que aceitaram por nós e começa a escrever a nossa própria narrativa, é aí que o potencial começa a ser libertado.

Eu conheço bem esse terreno.

Não partindo da teoria, mas da sobrevivência.

Se tem algo que eu aprendi sendo quase completamente paralisado fisicamente, é que quem decide vencer não é o corpo — é a mente em paz com a alma.

Por isso, se você chegou até o fim desse livro com o coração aberto, parabéns.

Mas agora vem o mais difícil: agir!

Que você saia dessas páginas com menos desculpas e mais ação.

Com menos medo e mais fé.

Com menos peso e mais verdade.

E que, como o próprio título sugere, você liberte aquilo que o mundo tentou prender, mas que Deus ainda insiste em ativar dentro de você.

Seja quem for que você foi até aqui, a partir de agora... você pode ser muito mais.

JELRES FREITAS — O MORTO VIVO!

Advogado, escritor, palestrante e aprisionado (por dentro e por missão).

@raroadvogado

AGRADECI-MENTO

Chegar até aqui é um sinal claro de que você está comprometido com sua transformação. Quero, de todo o coração, agradecer por ter me permitido fazer parte da sua jornada e compartilhar com você essas ideias, reflexões e ensinamentos que, espero, tenham acendido uma chama dentro de você.

Minha maior intenção ao escrever este livro foi inspirá-lo a enxergar que a mudança é possível e tudo o que você precisa fazer para potencializar seus resultados, você já tem.

Se há algo que desejo de todo coração, é que este livro tenha sido mais do que palavras para você. Que tenha sido um empurrão na direção certa, um lembrete de que você é capaz, você é forte, e que ainda há muito para conquistar.

Você pode me encontrar no Instagram @gustavonewcastle, onde compartilho mais conteúdos sobre desenvolvimento pessoal, liderança e *mindset*.

Além disso, convido você a conhecer mais dos meus trabalhos que deixo registrado na última página deste livro.

Este é apenas o começo da sua jornada.

Seja sempre protagonista da sua própria história e nunca pare de evoluir.

GUSTAVO MARTÍNEZ

Escritor, empreendedor (fundador do grupo Newcastle Idiomas e da Editora Newcastle), palestrante e host do Podcastle TV.

@gustavonewcastle

REFERÊNCIAS

BÍBLIA ONLINE. Disponível em: <https://www.bibliaonline.com.br>. Acesso em: 01 maio 2025.

Todos os versículos bíblicos encontram-se no site da Bíblia Online.

SOBRE O AUTOR E SEUS PROJETOS

LIVROS:

- Princípios Poderosos para Recomeçar
- A Fórmula dos Campeões
- Liberte o Seu Potencial
- O Sábio que Vendeu a Sua Lamborghini

PODCAST:

Podcastle TV — Meu podcast onde trago conversas inspiradoras com grandes mentes, abordando histórias de vida que inspiram, negócios, fé e superação.

- **www.youtube.com/@PodCastleTV**

EMPRESAS:

Newcastle Idiomas — A escola de inglês presencial e online mais bem avaliada do Brasil.

- **www.newcastleidiomas.com.br**

Wondersheep Coffee — O café que acompanha grandes jornadas e momentos de reflexão.

CONHEÇA AS OBRAS DA EDITORA NEWCASTLE

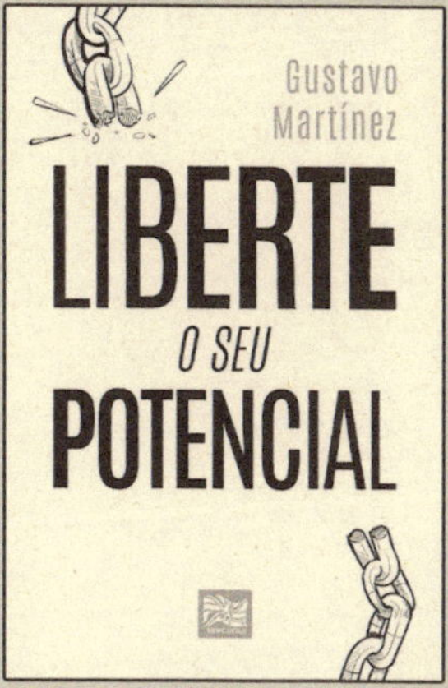

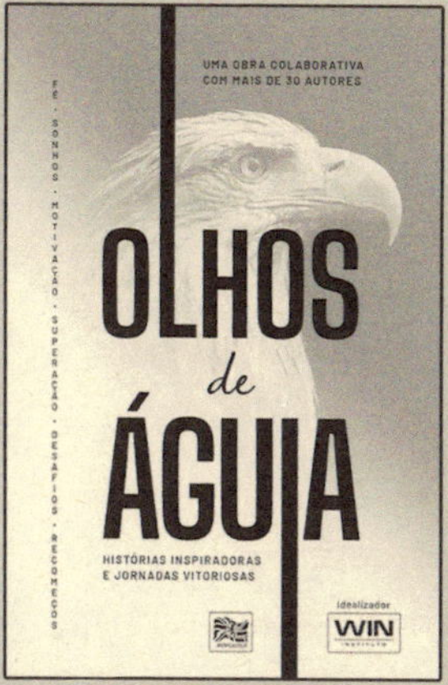

APONTE SUA CÂMERA

www.editoranewcastle.com.br